翻訳技法実践論

『星の王子さま』をどう訳したか

Naoki Inagaki
稲垣直樹

平凡社

翻訳技法実践論
――『星の王子さま』をどう訳したか

目次

第四章 翻訳技法を詳解する ……… 119

はじめに

翻訳にはそれなりの技術と方法があり、その習得なくして翻訳はまず不可能と考えたほうがよい。ここでいう翻訳とは不特定多数を読者として出版される翻訳、すなわち（筆者の言い方では）「出版訳」である。中学校から大学までの講読形式の授業で多くの人間が親しんだはずの「英文和訳」「仏文和訳」などの、いわば「講読訳」ではない。

「出版訳」の技法は「講読訳」の技法とは根本的に違う。したがって、いくら「講読訳」に習熟しても「出版訳」にはほとんど役立たない。こうしたことは、世に流布している翻訳技法解説本の一致して断言するところである。

本書の筆者はヴィクトル・ユゴー研究およびサン＝テグジュペリ研究を専門とするフランス文学研究者であり、比較文化・比較文学研究者である。それが、本書第三章で述べる、文学研究者と翻訳出版にまつわる事情により、「出版訳」技法の基礎を叩きこまれ、かつ、相当数の「出版訳」を出版する、稀有にして貴重な機会に恵まれることとなった。

編集担当の方のご依頼により機会を得て、二〇〇六年一月にサン＝テグジュペリ著『星の王子さま』*Le Petit Prince* を翻訳・刊行した（平凡社ライブラリー）。同作品の「版権切れ」、日本における「翻訳独占権切れ」のために、すでに前年よりこの作品の新訳ブームが起きていた。そのブームの半ば過ぎに出版されたのだったが、幸い好評を博した。現在までほぼ毎年、増刷を重ねて、「定番訳」との位置づけを得ている。

また、二〇〇六年四月から六月の三ヶ月間（二〇〇七年七月から九月に再放送）、NHKラジオ・フランス語講座応用編で、この拙訳をもとに、「『星の王子さま』を読もう」と題して、作品解説と一種の作品論を講じることとなった。さらに、NHK教育テレビ、二〇〇七年二月十七日午後十時から十一時三十分放送（同年六月十日再放送）のETV特集「『星の王子さま』と私」において拙訳が取りあげられ、特に動詞 apprivoiser の意味とその訳語について解説する機会を得た。

『星の王子さま』新訳ラッシュがほぼ収束した二〇〇七年五月末には、東京大学名誉教授の加藤晴久が「続出誤訳のケーススタディと翻訳者のメチエ」と副題の付いた『憂い顔の『星の王子さま』』（書肆心水刊）を上梓している。一九五三年の刊行から「翻訳独占権切れ」の二〇〇四年末まで唯一の日本語訳であった内藤濯《あろう》訳と二〇〇五年初め以後の新訳十四点について「翻訳診断」を微に入り細を穿って行っている。この「翻訳診断」の結果として、「ここ1年あまりの間に出た *Le Petit Prince* の新訳14点はひとつの群をなす。そのなかで抜きんでているのは、私見では、稲垣直樹氏の平凡社ライブラリー版である」（同書八八頁）との評価を拙訳は受けている。

そんななか、拙訳『星の王子さま』の翻訳技法を開示してくれないかという要望が随分と寄せられるようになった。当初は、果たしてどこまで分かりやすく翻訳技法が語れるか、いささか自信も持てず、躊躇《ちゅうちょ》していた。

そうこうしているうちに、筆者が教鞭を執る大学の大学院と学部で学生諸君の強い要望があり、それに応えて翻訳について講じ、「実習」を始めた。いざ講義と実習を始めてみて、妙にセンチメンタルな気負いが自分にあるのに気が付いた。筆者がかつて伝授され、その後に翻訳の作業を行ううえで筆者なりに習得した技術および方法をすべてまったく包み隠すことなく次の世代に伝える。翻訳技法の次世代への伝承こそが、すでに還暦を迎えた筆者の義務ではないかという思いである。それをもっと広い範囲で行うことができればと願うようになり、本書を構想するに至った。


既存の翻訳技法解説本では、そもそも翻訳とは何かといった基本的な翻訳のあり方についての説明もないままに、いきなり技法を説き始めるのが通例である。そして、それは翻訳技法解説本としては当然といえば当然である。だが、「実習」とともに講義で説明するということもあって、かなり本質的なところから説き起こすのが分かりやすいと自分なりに判断した。翻訳とは何かから始めて、なぜ翻訳は可能であり、必要か、翻訳の必要性に応える良い翻訳とはどのようなものか、中高等学校・大学で慣れ親しんだ「講読訳」と、書籍として世に問われる「出版訳」の違いは何かなど順を追って説く。そのうえで、いわば、納得ずくで、翻訳の技法を身に付けてもらう。これに若《し》くはないと考えるに至ったしだいである。

これは授業でも書物でも同じであって、そのために本書は次のような構成を取ることとなった。

第一章〈実践のための翻訳理論〉では、一九七〇年代に主としてヨーロッパで台頭した新しい学問である traductologie（翻訳理論）を援用しながら、筆者の翻訳の定義づけを試みる。それにより、翻訳という営為の特質、そのあるべき姿を明確にしておく。これは納得ずくで翻訳を学んでいただくための説明第一段である。この章は全部で十二節から成るが、差しあたり、最後の九節から十二節までの四節を読んでいただくだけでもよい。これら四節をお読みいただき、疑問が湧き、それを解消したいと思われれば、その前に遡って読んでいただきたい。

第二章〈『細雪』『雪国』の英仏訳に見る翻訳の実践〉は納得ずくで翻訳を学んでいただくための説明第二段である。筆者が第一章で示した翻訳の定義の有効性を谷崎潤一郎『細雪』と川端康成『雪国』の英仏訳――本書で扱うフランス語、英語から日本語への翻訳との逆方向の翻訳――に探ってみる。そして、その過程で、これらの英仏訳の翻訳者たちがどのような翻訳の方法を実践したかを詳しく検証しようというわけである。こうした日本文学の英仏訳はその完成度の高さとそれを実現する方法の手堅さ、充実ぶりからして、「他山の石」どころではない。「人のふり見て我がふり直せ」をはるかに超える多くのことを教えてくれる。

第三章〈準備段階でなすべきこと〉と第四章〈翻訳技法を詳解する〉は実際に翻訳をする場合のノウハウを詳説している章なので、これらの章は熟読していただきたい。すべてのフランス語原文に英直訳（フランス語原文にできる限り近い英訳）を添えたので、ほとんど英語の知識だけでも翻訳技法をかなりのところまでご理解いただけると思う。

第五章から第九章までの〈『星の王子さま』翻訳実践Ⅰ―Ⅴ〉は『星の王子さま』の主要部分をブロックで取りだし、フランス語原文、英直訳、拙訳を掲げたうえで、ほとんど網羅的に訳文作成の方法を詳述している。ここでは内藤濯訳と新訳から多くの訳例を引用し、拙訳と引き比べて拙訳とともに翻訳の診断をしている。これらの章でも英直訳を添えているので、ほとんど英語の知識だけでも翻訳技法をかなりご理解いただけるはずなのは第三章や第四章と同じである。また、翻訳技法の解説毎に、該当する前の章の章番号と節の番号（特に第四章〈翻訳技法を詳解する〉へのレファレンスは有用のはず）を示した。

第五章から第九章までは、フランス語原文または英直訳、あるいは、その両者をご覧いただいて、読者がまずご自身で訳文を作ってみられることをお勧めしたい。そのうえで、拙訳や他の翻訳の訳文と比べていただいたり、特に第三章や第四章の翻訳技法へのレファレンスを活用して、ケースバイケースで使いうる翻訳技法を知っていただいたりする。

というわけで、本書は通読して翻訳、特に「出版訳」についての認識を深めることに役立てていただくこともできるし、示したばかりの使い方をして、実際に翻訳技法を身に付け、磨く、翻訳技法習得の教本としてお役立ていただくこともできるはずである。

『星の王子さま』を題材とするので、ジャンルでいえば文学の翻訳であるが、基本的には翻訳技法は汎用性が高く、どの分野にも当てはまる。したがって、本書で提示する翻訳技法はむろん他の分野のテクストについても、そして、いうまでもなく、英語など他の外国語から日本語への翻訳についても、ほぼそのまま有効と考えていただいて差し支えない。

翻訳を学ぶことの副次的効果（あるいは、考えようによっては、必ずしも翻訳家を目指さない人にとっては、これこそ最大の効果なのかもしれないが）は、読者にとって分かりやすく読みやすい日本語を書く秘訣を摑むことである。それというのも、翻訳は読者に代わって原典を百パーセント理解し、理解した原典の意味と感動を、読者が首をかしげることなく、読者に百パーセント理解してもらう作業だからである。読者に代わってすべてを考え、すべてを一点の曇りもなく伝える。そうした、日本語文を書くうえでのトレーニングを不断に翻訳はさせてくれるものだからである。

一人でも多くの方に翻訳の何たるか、翻訳という営為の特質を知り、その醍醐味を味わっていただければ、筆者としてこれにすぐる喜びはない。

第一章　実践のための翻訳理論

1　traductologie という新しい学問分野

本章の目的は翻訳理論を打ち立てることにはない。翻訳技法を翻訳の実地に即して体系的に説明し、読者の技法修得に役立てることにある。したがって、翻訳理論についても、あくまでも翻訳の実践に資する範囲で、実践に資する理論のみを扱う。そのうえで、それらを総括しつつ、筆者の側から、実践という目的に最も適った、新たな理論の提案を試みるつもりである。

ここで扱う理論は実践にとっての有効性は高いが、批判されているものも含む。翻訳理論は、一九七〇年代より traductologie という名称（英語では translation studies）の流布とともに学問分野として台頭した。翻訳についての理論付けである。当然ながら、その背景として言語学を応用する。言語学方面からこの traductologie に参画し、現場をほとんど斟酌しない。そのような面もあるにはあったが、翻訳理論の興味深いところは、翻訳の実例にかなり依拠していることである。翻訳の現場を見て、その現場で行われていることを理論化するという、実地に近いところで出来あがった理論が多いのである。

翻訳の理論化は一九六〇年代からある程度本格化した。新しい分野なので侃々諤々《かんかんがくがく》、甲論乙駁《こうろんおつばく》といった状況が現出するわけで、多くの理論書が出版され、論文が書かれた。しかし、六〇年代の理論書はその後大いに批判に晒され、乗り越えられているところもある。実質的には、七〇年代あるいは、遡っても、六〇年代後半以降の traductologie に有効性の高いものが多い。このtraductologie というディシプリンにおいては、基本的には現在も群雄割拠の時代が続いているのであって、決め手となる支配的な理論はないと言ったほうがよい。そのため、これまでの理論に抗いながら、自論が正しいかのように振る舞って新たな理論を構築する。また、その一方、これまでの理論の相対化とともに、自論の相対化もなしうるという利点があるのである。

そのような、相対的特質の強い traductologie の理論の中からいくつかを選ぶわけだが、その前に、翻訳がどのような言葉で表現されてきたかを見てみよう。

2 翻訳とは何か——E・A・ナイダとC・R・テイバーの定義

翻訳はフランス語では traduction、英語では translation と表現される。traduction は「向こうへ」という意味の接頭辞 trans- に「導く」という意味のラテン語動詞 duco が繋がったものである。「翻訳する」を意味するラテン語動詞 traduco ないし transduco はそのように成りたっており、もともと「向こうへ導く」という意味である。translation は「向こうへ」という意味の接頭辞 trans- に「運ぶ」という意味の -lat-（ラテン語「運ぶこと」latio）が繋がったもので、「向こうへ運ぶ」ということである。何か、あるものを距離を持ったところへ移す。そのような意味あいをこの言葉は持っているわけである。traduction ないし translation という語の、この基本的な感覚はかなり示唆に富む。

traductologie の初期の理論家にユージン・A・ナイダとチャールズ・R・テイバーという人物がいる。いずれもオランダの研究者で、もともと聖書の翻訳に携わっていた聖書学者である。聖書翻訳の体験を活かして、翻訳理論を構築している。専門分野に限定される傾向が強いかと思うと、かなり一般性の高い議論もしている。そのナイダとテイバーは翻訳を次のように定義している。

> 原典言語のメッセージに最も近い自然的等価 natural equivalence を第一に意味について、第二に文体について目的言語で再現するのが翻訳である。(1)

この定義中で、原典言語は source-language となっており、目的言語は receptor language となっている。フランス語では通常、原典言語は langue-source であり、目的言語は langue-cible である。前者については英仏語は近似表現だが、後者についてはいささか開きがある。本書では訳語として、前者については英仏語いずれの「等価」でもある「原典言語」という語を用い、後者についてはむしろ仏語の「等価」である「目的言語」を用いることにする。(2)

ナイダとテイバーによるこの定義には、原典言語から目的言語へ移しかえられる、つまり、ある空間を飛び越える、「向こうへ」trans- ということも活かされているし、duco や -lat- の部分も、飛び越えたところで元のものを再現するというところに多少は表れている。

このナイダとテイバーの定義は、その後批判されはしているが、翻訳の実地からすると有用な理論的背景となるので、よく引き合いに出される。単純すぎるというのが主たる批判点だが、「自然的等価」natural equivalence というところが特に問題になる。それはそれとして、実地を考えたうえでの、翻訳についての最も大切な理論的背景が「等価」equivalence であるとしたことは慧眼である。

翻訳の基本は、原典であるテクストが翻訳されたテクストと「等価」equivalence の関係にあるということ、つまり、equivalent であるということである。その場合、「自然的等価」であれば、それは双方向性を前提としている。言い換えれば、原典言語からテクストが目的言語に移り、テクストが「再現」される。その「再現」されたテクストを目的言語から原典言語に翻訳し直したときに、原典テクストと同じになるということになる。原典テクストと翻訳テクストとの間に対称性が確保される。これが「自然的等価」の意味あいである。ところが、これが最初から不可能であることは想像に難くない。そこで、ナイダとテイバーは「最も近い」と言うことで何とかそれを理論的に乗り越え、解決しようとしている。つまり、同じにはならない。だが、近いくらいにはなるだろう。最も近いとは比較の問題だから、ある翻訳がほかのいかなる翻訳よりも原典テクストに近ければ、それが最も優れた翻訳ということになる、というわけである。

3 「方向的等価」と「比較第三項」――ナイダとテイバーの定義を超えて

こうした「自然的等価」に対して批判的に用いられるのが「方向的等価」directional equivalence である。[3]「自然的等価」が対称性を前提にするのに対して、「方向的等価」は非対称性を前提とする。「自然的等価」では、原典テクストと翻訳テクストは同じになる。すなわち、シンメトリーが成りたつ。それに対して、「方向的等価」では原典テクストと翻訳テクストは非対称であってよく、原典言語から目的言語に一方向的にテクストが移されるだけでよいとされる。目的言語から原典言語に戻る必要はなく、かりに戻っても同じにはならないとするものである。equivalence はもともと equal value「同じ価値」を意味するのだから、directional equivalence は、つまり一方向だけ「同じ価値」を持てばよいことになる。このように原典言語から目的言語への一方向的な「同じ価値」を追求するのが「方向的等価」なのである。

対称とか非対称とか言われると、その存在が前提になっていると考えられる、あることが浮かびあがる。線対称の場合だと、真ん中に軸があって、それを中心として折りこめば重なるのが対称で、重ならないのが非対称。だから、その真ん中の軸のところに何かがあることが想定される。

ナイダとテイバーの定義では想定されていないことに、後に、例えばアンソニー・ピムが言及している。ピムはもともとオーストラリア人で、スペインの大学で教鞭を執るとともに、翻訳家

としても活躍している。彼の強みは、ナイダとテイバー同様、実地の側から理論のほうに向かっていること、つまり、帰納法による理論の構成である。出来あがった理論から実地に降りていくような演繹的方法を採らない。そうしたピムだけでなく、ある程度一般的にも持ちだされる概念なのでラテン語になっているが、「比較第三項」tertium comparationis という概念がある。(4)

翻訳が成りたつためには、言語外の事柄が必要である。言語が意味する事柄、言い換えれば、伝達内容ないし意味が、言語から独立して、言語外にあるはずだというのである。原典言語を超えたところに、それが指示する意味内容がある。その意味内容を翻訳においては目的言語で表現する、ある種、三角貿易のようなことが行われると考えるのである。もちろん、言語から独立して、言語外にあるとされる事柄、伝達内容ないし意味などというものは存在するはずがないという批判もありうる。批判は実に簡単で、事柄は言語で表現されていて、言語で表現されているものは言語と不可分である。言語によって表現されてしか事柄は存在しない。そのように言ってしまえば、立ちどころに足下が揺らぐ概念である。だが、翻訳を考えるうえでは非常に有用であるので、traductologie の専門家 traductologue たちは批判しながらも、この「比較第三項」という概念を使う。この概念は翻訳の実地においても相当役立つと考えないわけにはいかない。

4 社会的営為としての翻訳

人間の多くの営みについて、個人的営為と公的営為とでは、その性質が大きく異なる。翻訳についても然りである。個人的営為としての翻訳は、個人がなんらかの便宜のために個人あるいはその周辺で行う自己完結型の営みであり、社会性はほとんどなくてよい。公的営為としての翻訳は当然、社会性を持ち、古代から、ある意味では相当広く行われていた。だが、そうした古代から行われていた翻訳と、今我々が直面する社会的営為としての翻訳とでは根本的に違う。その違いは何か。そして、今我々が考える翻訳、あるいは traductologie が対象とする翻訳というものはどの時点から存在し始めたか。このような点から考えると、写本の時代には翻訳というものがなかったと捉えるのが至当であろう。

今我々が考える社会的営為としての翻訳が可能となるためには――すなわち、本書でもっぱら問題にする翻訳が存在するためには――、当然その原典テクストが確定していなければならない。

原典テクストの確定なくして、翻訳は存在しえないという、ごく当たり前のことが起こる。アンソニー・ピムの歴史認識をなぞれば、テクストが印刷の段階に入ってほぼ初めて翻訳は存在し始める。グーテンベルクの印刷術の発明により我々の文明は印刷の時代に入ったのであって、それ以前は写本の時代であった。写本は人から人へテクストが筆写されるプロセスで、大小取りまぜての変更が混入するのが常であり、テクスト間の異同が甚だしかった（同書二二頁）。社会的営為としての翻訳が可能になるのは、原典テクストが確立し、それがある種、増殖する、つまり、複製されることで共有されることが前提となる。

原典テクストが確立し唯一無二となる（ヴァージョンの違いがある場合には、典拠となるヴァージョンが必ず明示される）ことで、それと目的テクストすなわち翻訳とは一対一の対応関係を持つ。さらに、目的テクストすなわち翻訳も、出版という社会的営為によって確定され、（ヴァージョンによる異同はありうるが基本的には）唯一無二となる。現在、日本において *Le Petit Prince* の二十種類ほどの翻訳が出版されているが、その二十種類ほどの翻訳の一つ一つが確定したテクストを成し、もとより確定している *Le Petit Prince* の原典と一対一の対応関係を形成しているわけである。個々の翻訳は、確定した唯一無二の原典テクストに「忠実」であることが求められる、つまり、原典テクストを尊重するという大前提は絶対に守らなければならない。これが社会的営為としての翻訳のモラルとなっている。

昔、名翻訳家の誉れ高い教授のもとに翻訳の勉強に通っていたときに、翻訳賞の下選考を仰せつかったことがある。賞の候補となる翻訳作品を読んでいて、何か話が単純すぎる（うますぎる）、登場人物の心理の変化が不自然だなど、疑わしいところがあることがある。そうしたところを特に念入りに原典テクストに当たって調べてみると、翻訳者が勝手に創作していることがあったりして驚いた。そうした勝手な創作ができるくらいなら苦労はないが、それが翻訳においては決してしてはならない御法度なのは当然である。社会的営為としての翻訳においては、原典テクストは印刷物として完全に確立している。その確立したテクストは、理系の実験と同じように、あるいは理系が対象とする自然現象と同じように、もはや与えられた、変更不可能なものとしてそこに最初から存在している。誰にとっても参照可能であり、誰にとっても同じものであり、改《かい》竄《ざん》しては絶対にならないものである。あとでこれに一見反することを指摘するが、本質的には、原典テクストは冒すべからざるものとして確立していると考えるのが正しい。

社会的営為としての翻訳には、それが行われるうえでの種々の社会的条件・制約が付き物である。これをギデオン・トゥーリーは「規範」norms と呼んだ。(5) 翻訳が行われる社会的状況、目的などによって、その営為の条件・制約、つまりは「規範」が異なる。これは本書では後述する「出版訳」と「講読訳」の

相違において、有効な考え方となる。

5 「比較第三項」tertium comparationis の有用性

「比較第三項」に話を戻そう。これがあるお蔭で我々にとって翻訳が可能になる。少なくとも実際に翻訳作業を進めるときに、我々は、ある意味で当たり前のように、この「比較第三項」に対するレファレンスを念頭に置いている。

（名前からして東欧系だが、パリ生まれで）フランスで活躍しているダニカ・セレスコヴィッチとパリ第三大学における彼女の同僚マリアンヌ・ルドレールは、常識的に誰でもそうであってほしいと思うことであるにもかかわらず、誰もあえて断定は避けることを潔く割り切って断定している。その共編著『翻訳するために意味を捉える』[6]において「意味の理論」théorie du sens と称し、意味としての「比較第三項」の脱言語化を提唱しているのである。これはすでに述べたように、特に言語学系の研究者からすれば、正しいとはまず言えないことである。だが、こうした意味の脱言語化は、翻訳を行ううえでは非常に助けになる考え方である。「比較第三項」が意味として、原典言語から完全に独立して、原典言語と目的言語との間に、ある種、事柄、さらには、もっと強く、ほとんど物であるかのように、厳然と、客観性をもって存在しているかのようにセレスコヴィッチとルドレールは考えるのである。[7] もしこれが百パーセント彼女たちの主張するとおりであれば、既述の「自然的等価」は完全に成りたつことになる。なぜなら、意味が言語から独立しているならば、それはどの言語で表現しても同じになるはずだからである。

批判もあり、問題もあることを承知のうえで、翻訳技法のマスターにはきわめて利便性の高い考え方なので、筆者がこれを一部分取り入れながら、補う形でどのように理論化するかは後述する。筆者はさしあたりここでは、これを時間軸上で分節化してしまえば可能性が生まれると考える。時間を超越あるいは無視して、すなわち、通時的な部分は一切捨象して、共時的に完全に成りたつとすると絶対に無理がある。時間軸上の瞬間瞬間、あるいは、時間軸上の分節化されたところではかなりの部分成りたつ、ないし時として成りたつことがあると経験的に考えられるのである。

ところで、翻訳が成立するうえで重要な前提条件に、アンソニー・ピムも強調する、現代における各国語のレベルの同一性がある。[8] 実は古代においては——あるいは、筆者の側から付け加えれば、象徴的には十七世紀にデカルトが『方法序説』をフランス語で書くまでとも言えるが、それまでは——各国語のレベルの同一性は確保されていなかった。デカルト以前は神学の

テクストがラテン語で書かれなければならなかったのみならず、哲学書もラテン語で書かれなければならなかった。それをデカルトがフランス語で書いたことは歴史的に見て画期的であったとされる。

6 構造主義から見た翻訳の不可能性

「比較第三項」が完全に脱言語化されていれば、どの国語で書いても同じはずである。ところが、書く国語によってその内容が違ってくる。それぞれの国語が他と異なる固有の構造を持っているからである。実は、これに関連して、翻訳が不可能であるとせざるをえない学問体系がある。それは構造主義であり、構造主義に則ると翻訳は必然的に不可能となる。

ソシュール言語学の基礎には、周知のように langage がある。人間が他の動物と区別される言語能力ないし人間が他の動物と異なり言語を使うということ、言語能力の行使である。langage には二つの面 langue と parole がある。langue は日本語で「国語」と訳されるが、日本語なら日本語、フランス語ならフランス語、ドイツ語ならドイツ語の構造、体系全部をいう。そこには言語を構成するすべての要素、文法も語彙も音声もすべて組み込まれている。これが langue（国語）である。ソシュールは自らの言語学の研究対象として parole は排除し、langue のみを対象とするとした。langue は、その構成要素が厳密に繫がった閉鎖的世界を形作っているとされる。parole はむろん langue を使うが、個々の人間が言語を使って表現をする言語行為、言語使用の実態である。言語使用の実態であるから、言語使用の上手下手もあり、さらには、間違いを犯すこともある。それまで含めて parole は個人が言語を使う実態なのであり、これは言語学は扱わないとソシュールはした。言語学が扱うのは langue のみである、と。

そのような言語学においては、langue から langue への翻訳は不可能とされる。なぜならば、langue はそれぞれ閉じられた固有のシステムだからである。そこから parole 側に来たあるものを取りだして、他の langue のあるものに比べ、それと取り替えるということは、どちらの langue の構造も無視した行為となる。そこで、これは不可能ということになるのである。だから、parole のレベルで不完全にしか翻訳は成りたたない。このように翻訳が言語学の埒外に置かれ、言語学に長い間等閑視される。そうした傾向にあったこともあり、翻訳論は遅れたのであって、七〇年代にならないと、学問領域として明確には台頭しないことになる。

7 各国語のレベルの同一性という前提

言語学的に見たときには、現代における各国語のレベルの同一性についても疑義が生じる可能性はある。しかしながら、現代のグローバル社会においては、各国語のレベルの同一性はほぼ実現されていると見なすのが通例である。レベルが同一であるとは、先述の「比較第三項」としての意味が言語から独立しているとすれば、それがどの言語においても表現されている、あるいは、どの構造的言語体系のなかにも存在しているということである。そして、それと同時に、それを表現するそれぞれの言語体系は十全にその機能を果たすはずだということである。

これは、幕末から明治にかけての日本における翻訳の歴史に照らすと非常に分かりやすい。柳《やな》父《ぶ》章『翻訳語成立事情』(一九八二)などで扱われているが、実は、例えば、日本語と他の西欧の国語とはレベルは同じではなかった。自然科学のターム、そして、社会を運用するための学問、社会科学のタームは特に同じレベルにはなっていなかった。

「自由の学風」などの「自由」という言葉は明治時代に freedom ないし liberty の訳語とされた。「自由」という言葉はそれ以前からすでに日本語に存在し、古くは「勝手気儘(に振る舞う)」という意味を持っていた。そうした「自由」という言葉を訳語にしたので、freedom ないし liberty には明確でないはずの「勝手気儘」という意味も含まれることになってしまった。そこで、日本語では「自由とわがままをはき違える」などと言われるようになった。(9) 英語では「わがまま」は selfishness ないし egotism であり、freedom や liberty とは相当隔たっている。society の「会社」とか「社会」とかいう訳語も明治時代に作られた。(10) それから、nature という言葉の訳語「自然」は仏教用語の「自然《じねん》」が当てられたものである。(11) individual や individu の訳語の「個人」は造語された。[12] というように、「等価な」equivalent な概念として訳語が設定されて初めて、そうした訳語の表す概念に関しては、日本語は英語などとレベルが同じになった、「比較第三項」を表現できる状況になったといえる。「比較第三項」に見合った言語装置、特に語彙が存在しないと各国語間のレベルの同一性は成りたたない。それを明治時代に日本では甚大な努力によって成りたたせたわけである。

興味深いのは、日本でできた和製訳語をほとんどすべて中国語が使っているということである。中国からの留学生にも確認したが、そのような和製訳語ないし和製熟語を借用して近現代中国語が運用されていることを、現代の中国人学生たちも認識しているとのことである。西欧概念を表す二字熟語の便利なものはすべて日本語から来ている。こうした二字熟語がなかったならば、中国語で西欧概念は表現できないくらいに流通しているそうである。

なぜそうなったか。その理由は実に単純であって、日本のほうが中国に比べて漢字、漢語、漢籍に通じない者がそれらからかなり自由に発想して訳語を考えたという事情によるといわれる。中国では漢籍の知識がありすぎて、膨大な漢籍の知識のなかに訳語を探したので、時代離れした古い訳語——その当時の一般の中国人には分かりにくい訳語——になったとのことである。中国のやり方は、中国語の langue としての構造、そしてその歴史的な経緯までもレファレンスの対象としたために、実効性を持たず、翻訳でなくなったと考えられる。構造主義においては翻訳は不可能であることの証明に近い事態が生じたのである。日本では自らの langue についての（漢籍を含めた）それほど深い認識がなかったために、実地に近いところで、実際の有効性が尊ばれた。その結果、うまく訳語を発明することができたり、ほかの領域の言葉を流用することが可能になったりして、当時の実情、一般の知識水準に合った訳語ができあがったといえる。

このように、日本における明治時代の苦労をはじめ、各国語のレベルの同一性を確立するために、各国では非常な努力が傾注された。今日、世界各国語におけるレベルの同一性があるならば、それは各国先人たちの努力の賜ということができる。これは、裏を返せば、後述するように、西欧文明のヘゲモニーが世界に行き渡った結果であって、西欧文明による非西欧文明の支配、西欧文明と非西欧文明の支配・被支配の関係ができあがったということでもある。このことにも思いを致さなければならないのはいうまでもない。

ともかくも、一応、traductologie の分野では、現代においては各国語のレベルが同一であるということを前提とする。同じ構造を持っているということではなく、あくまでもレベルが同一であるということである。これを信じないことには翻訳はできない。例えば、フランス語のほうが日本語よりレベルが高いとなったら、フランス語から日本語へは翻訳はできない。各国語のレベルの同一性という前提は疑問の余地はあるものの、実地に翻訳を行うときには不可欠なのである。

8 「比較第三項」の脱言語度の分野による違い

先述のように、「比較第三項」が言語から独立しているとセレスコヴィッチとルドレールは言っている。だが、それが「比較第三項」すなわち伝達内容の一般性・普遍性によるものであり、そうした「比較第三項」の一般性・普遍性はそれぞれの分野によってかなり違うことに誰しも気づく。言語から独立した「比較第三項」すなわち伝達内容は自然科学一般、あるいは自然科学の多くの分野では存在している。英語で論文を書いても日本語で論文を書いても意味される内容は同じになる所以である。

自然科学は——筆者は神の存在を特に信じているわけではないので、こういう言い方が分かりやすいのですするだけのことだが——神が書いたテクストを対象とするからである。神のテクスト、すなわち自然は言語表現以前から（ということは、言語から独立して）、事実として存在している。どこまで行っても矛盾しない整合性があり、普遍性があり、合理的で、完璧である。神に劣る人間はそれを懸命に部分的に明らかにする、発見をするだけである。観察結果、条件を同じにして行われた実験の結果が、誰が行っても同じでなければならないとされるのは、観察結果、実験結果が、神の書いたテクストの一部分を切り取ったものにすぎないからである。

例えば、相対性理論の登場によってニュートン力学が乗り越えられたことなど、パラダイム・

チェンジはある。だが、それは人間の自然の捉え方の変化にすぎない。かりに光速よりも速いニュートリノがあったとして、そのときは、それまでの人間の自然現象の捉え方が間違っていたとされるだけで、自然現象が間違っているとは誰も考えない。そんなわけで、言語外の「比較第三項」すなわち意味というものが最も完全に確立しているのは自然科学の分野である。それが社会科学になると、だいぶ怪しくなってくる。なぜならば、社会科学は神が書いたテクストではなく、歴史とか、人間の社会の営みなど、人間が書いたテクストを対象とするからである。そこには誤りも矛盾も多くありうる。相対的なものであったりもする。人文科学になると、それがもっと怪しくなる。さらに、文学になれば、「比較第三項」がさらに独立性を確保しにくくなる。翻訳の難易度はまさにこうした序列の逆になり、文学の翻訳が最も困難が大きいといえる。文学はまさに人間、それも、一人の人間が基本的には自由に（勝手に）制約を受けずに書いたテクストだからである。

9　文学の翻訳における「比較第三項」とその分節化

いかに困難であろうとも、文学においても、翻訳のためには、「比較第三項」が言語から独立しているかのようにある程度は振る舞うほかはない。

芸術としての文学において「比較第三項」となりうるのは基本的には、批評（フランスではサント＝ブーヴの登場とともに、日本では小林秀雄の登場とともに批評は芸術となったことになっている）・随筆では概念・事柄、物語では mimesis（アリストテレス以来の「現実を模倣する美学」である mimesis については後述する）の対象となる現実である。「比較第三項」、すなわち意味されているものは、言語の指示機能に依拠して、しかるべく書かれた文章ならば、明確にある概念、ある事柄、ないしは、模倣されたある現実として、言語を超えたところで存在していると思えるはずである。さらに、時間軸上での分節化を考えれば、もう存在していると言ってもよいかもしれない。

言葉を話す、あるいは、書くという行為は思考を時間軸上で紡ぎ出す、ある種、糸のような、線的行為のはずである。そうした言語行為の時々刻々の連綿たる結果を人為的に（便宜的に）区切って分節化してみる。そして、その分節化された短いところに限って、その部分だけで意味を求めるとすれば、それが言語から独立しているかのように見なせる可能性が高まる。時間軸上で分節化された思考内容、意味上の（最小限の）まとまりを semantic unit（意味単位）と呼ぶことにする。そのような semantic unit のレベルにまで細分化されれば、それを「比較第三項」として翻訳が成りたちうるというのが筆者の考えである。semantic unit を能うかぎり正確に捉え、それを能うかぎり正確に他の国語で表現するというのが我々翻訳者の仕事となる。

ところで、小説などの物語において、「比較第三項」が mimesis の対象としての現実であるためには、最低限その物語が現実の mimesis を百パーセント完璧に実現していなければならない。

印刷され、出版されているテクスト、一般に翻訳の対象となるレベルの原典テクストは、物語であれば、すべてこの条件を完全に満たしている。そう我々は経験によって知っている。そうした信頼がないかぎりは、翻訳はできない。信頼を裏切っていることが露呈すれば、翻訳を拒否するのが賢明である。

テクストの優劣以外に、言語機能の特質の違いも考慮される。言語外のものを指示する、指示機能を言語に求め——繰り返せば、その指示されるものが批評・随筆においては概念・事柄であり、物語においては「mimer された」（模倣された）現実なのだが——、その指示されるものが必ず存在すると考えられる範疇のテクスト、ないしそのような特質のみを我々は翻訳の対象とする。あとで問題にする、言語が言語を目的とし（自己目的化し）、自己充足的に、自給自足的に成りたっているような面（一般に「文彩」ないし「彩《あや》」と訳される figure をふまえつつ、我々はこれを figure と呼ぶことにする）の強い、一部の詩などのテクストの場合は、翻訳が不可能であるか、翻訳可能な部分が極度に限定されるかする。

かつてヴィクトル・ユゴーの詩を大量に翻訳したことがあり、また、アレクサンドラン（十二音綴詩句）で書かれた韻文劇『エルナニ』も翻訳したが[13]、意味作用の埒外にある、韻律、音の要素は翻訳から除外しないわけにはいかなかった。意味に関わる部分のみを翻訳の対象とする以外にない。韻律、音の要素が「比較第三項」を形成しえないものだからである。

ただ、それにしても、音律、音の要素を翻訳する試みは、別の形で先述の equivalence を見出すことによって、ありうるようでもある。例えば、日本語において韻文は七五調で書かれる。それを equivalence と捉えれば、原典テクストの韻文を日本語の韻文にできないこともない。ところが、これが容易には equivalence にはならないことは、実際に翻訳を試みてみると、試み始めておそらく数行ないし数ページで気づくはずである。七五調にマッチしないものを七五調で翻訳すると——原典テクストではそのような雰囲気は漂わないものが——、七五調の例えば都々逸のような世界に近似し、翻訳文としてはほとんど滑稽な印象を与えかねない。これに気づかない人がいたとすれば、それは、よほどみごとに七五調を使いこなせているか、さもなければ、よほど鈍感かのいずれかであろう。というわけで、この音律、音の要素は翻訳の対象にはしない、もしくは、なんらかの equivalence を見つけて、不完全に対象とするのみである。

10 「ゼロ度の比較第三項」と筆者による翻訳の定義

文学作品、特に散文作品は実に様々な事柄を叙述する。文学テクスト中の semantic unit においても、その叙述内容の一般性・普遍性に応じて、「比較第三項」の脱言語の度合い——後述する「ゼロ度の比較第三項」への接近の度合い——が違ってくる。先述のいかなる学問分野の対象となる事柄が、その文学テクスト中の semantic unit で叙述されているか。これによって、学問分野の脱言語度の順に、自然現象、社会現象、「人文現象」（人間関連現象＝精神・心理・感性・感情等）、芸術（文学）現象と「比較第三項」の脱言語の度合いが下がる傾向がある。

自然科学の対象となる自然現象を叙述したときには、脱言語度は十全であるかのごとく高いはずである。例えば、「日が沈んだ」という言語表現があったとすると、「日が沈んだ」ということ自体は自然現象である。太陽が地平線ないし水平線の向こうに完全に没したという事実は言語外の事象として存在する。人間が言語を使用する以前から、太陽は沈んでいたのである。そのような自然現象を扱った場合は、ほとんど百パーセントの、言語からの脱却状況であるはずである。

このような自然現象の次に社会現象、その次に「人文現象」（人間関連現象）、それから芸術（文学）現象と「比較第三項」の脱言語度が常識的に下がるとされる。これは、この順に、原典言語と目的言語の間で「自然的等価」の度合いが下がるとも言いうる。「自然的等価」の度合いが高いというのは、前述の原典言語から目的言語に移る移動を考えたとき、すでに引用したナイダとテイバーの翻訳の定義にあるように、原典言語と目的言語の間で叙述内容が一致する「自然的等価」を単に求め「比較第三項」を設定しない場合に接近するということである。このような「比較第三項」を抜きにしても原典言語と目的言語の叙述内容が一致し「自然的等価」が完全に成りたつときの「比較第三項」を「ゼロ度の比較第三項」とする。むろん、こうした「比較第三項」の「ゼロ度」状態は特に文学の場合は非現実的な「理念型」である。現実にはまず存在しえないもので、言語から完全に脱却した状態の「意味」である。言語から完全に脱却した意味というのが矛盾していることは誰しも分かるはずである。この状態をあえて理論上想定し、それへの接近の度合いを計る起点ないし原点とするわけである。

それから、semantic unit の設定の範囲はどのように考えられうるかというと、実際の翻訳の場面では、ほとんどの場合は、語から文の間のどこか――節とか、複数の語の意味のまとまりとか――を一応想定している。だが、一文でもありうるし、いくつかの文が続いたものでもありうるというふうに、基本的には長さをいかようにも設定できるとしておく。semantic unit 設定の長さが長くなれば、同様に「比較第三項」の脱言語の度合い、「ゼロ度の比較第三項」に接近する度合いは下がっていく。というのは、長くなれば、言語にそれだけ依存することになるわけだからである。

翻訳実践のためにここでナイダとテイバーの定義に替えて、筆者の側から翻訳の定義を提唱しようと思う。それは「原典テクストの「ゼロ度の比較第三項」に最も近い（「意味」を最大限追究した）方向的等価を目的言語において実現するのが翻訳」というものである。これを頭に入れておいて、実際の翻訳の場面で思い起こしていただければ幸いである。

ナイダとテイバーの定義は「原典言語のメッセージに最も近い自然的等価を第一に意味について、第二に文体について目的言語で再現するのが翻訳である」となっていた。「原典言語」の、ナイダとテイバーは「自然的等価」と言っているが、「比較第三項」を想定し、しかも、「比較第三項」で完全に脱言語化されたものを理論上だけ想定するわけだから、これは「ゼロ度の比較第三項」に最も近い、言い換えれば、「意味を最大限に追究した」ものとなる。その「方向的等価」を目的言語において実現するのが翻訳」と筆者は定義している。「自然的等価」ではなくて、「方向的等価」である。「自然的等価」とはもとの言語で述べられた内容と、それを目的言語に翻訳した内容の両者が完全に一致する、すなわち、ぴったり重なる、対称となることであることは先述した。言い換えれば、翻訳された内容をもう一度原典言語に訳し直したときに同じになるというのが「自然的等価」である。それに対して「方向的等価」は非対称である。つまり、原典言語から目的言語に直す一方向だけを考え、逆戻りは想定しない。

個人的に行われる翻訳でも、公的に行われる翻訳でも逆戻りは想定しないのが通例である。というのは、翻訳をする目的は基本的には原典言語で書かれたテクストの意味を摑むことだからである。それをもう一度もとに戻してみるという無駄な営為は想定されていない。したがって、「方向的等価」となるのだが、ナイダとテイバーの頃は「方向的等価」ということはそれほど言われていなかったので、彼らは「自然的等価」という言葉を使ったのであろう。その後「方向的等価」が人口に膾炙《かいしや》するようになっているので、「……に最も近い方向的等価を」、ナイダとテイバーの言うように「再現」ではなく、あえて「実現」とした。この「実現」とした点も重要である。もとのテクストは原典言語で書かれた、そして、構造主義で言えば、その国語のなかでしか存在しえないものであるから、ほかの構造のなかで再現できないのである。再現を目指したとたんに、逐語訳という誤った翻訳の方法に固執することが起こりうる。それがどのように誤っているかは後述する。

11　線的行為としての書く行為、二つのコンテクストの重要性

自明のことから始めよう。それは、書かれなければ、テクストは存在しないということである。読者は頭のなかにありあまるほどの文学作品の構想を持っているかもしれないが、それを書かなければ、その作品は存在しない。テクストとは誰かが書いた、その結果である。

テクストを生成させる、書く行為というのは瞬間瞬間の連続であるはずである。デジタルとア

ナログを持ちだすと、これはかなり分かりやすい。我々の思考はもしかするとデジタルかもしれず、書く行為の瞬間瞬間も結構デジタルの面があるかもしれない。

デジタルカメラを思い浮かべてみよう。デジタルカメラの画像は極度に微細な面積を持った色彩の粒、画素によって構成されている。それは少し遠くから見れば、繋がって、連続して見える。つまりアナログに見える。同様に、おそらくテクストの書かれ方も瞬間瞬間はある種デジタル的なものかもしれないが、概ね、一続きの、アナログとして認識される。書く行為中の書き手の思考は持続としてアナログ的に捉えられ、書く行為というのは線的・一次元的行為と見なしうる。これがテクストの、上記の共時的 synchronique な面に対する通時的 diachronique な面である。

書く行為には実際は断絶があるのではないかという疑問も生じうる。誰でも文章を書いていて筆を止める。手を休めて、考え直したりする。そここそがまさに断続がある部分、デジタル的な部分なのだと考えられなくもない。だが、そのあと読み返したときに、いかにすんなりと話が続くか、いかにすんなりと論述が進行しているか、いかに自然に連続して読めるかということを考えて、テクストを直したりもするはずである。また、読む行為を考えると、書く際の断続は無視して、連綿と続いているもの、繋がっているもの、線的なものであるかのごとく、テクストを読む。

さらに、人間が話をする行為を思い浮かべてみると、それは、紛れもなく線的な行為である。直前の時間に話したことのあとに、直後に話すことは必ず来る。時間の不可逆性により、時間軸という線のうえに前と後として話の内容は線的に位置づけられる。

書くことに習熟している人は、話すスピードで頭に浮かんだことを、話すのと同じように書くことができるという。例えば、三島由紀夫は興に乗ると、頭に浮かぶことを手は息せき切って追いかけて、文字にするのがやっととなる。思考の線的な流れを追いかけて止まらなくなるとのことである。テクストに書かれていることは、読書体験の似姿からしても、話す行為のアナロジーからしても、作者の思考が線的に繋がって表出されたものと考えられる。

先述の個々の semantic unit も実は分かちがたく、基本的には、ある種、線的行為の糸のようなもので結ばれ、繋がっているわけである。semantic unit には相互の、したがって、前後の関連性は必ずある。これは誰しも経験的に察知していることである。

縦糸と横糸が織りなす布になぞらえて言えば、個々の semantic unit において、その縦糸が共時的な「比較第三項」に向かうベクトルで、横糸が通時的なテクストの連なり、つまり、コンテクストである。線的に展開する思考の流れに沿ってテクストも線的に展開し、コンテクストとなる。個々の semantic unit は「比較第三項」との関係において、ある種共時的に把握すべきのみならず、原典テクスト内においても、目的テクスト内においても、通時的にも把握されなければならない。読者は当然読書においてコンテクストを大切にしている。翻訳を行うときには、我々はコンテクストを徹底的に考慮に入れ、コンテクストの中に個々の semantic unit を位置づけて捉える必要がある。

これがテクスト内部にあるテクスト内コンテクストであり、絶対に見過ごしてはならないが、テクスト内コンテクスト以外にもう一つテクスト外コンテクストとでもいえるものがあり、翻訳を行うときにはこれも大いに考慮しなければならない。

テクストが書かれるとき、作者の思考がどのようにテクスト化されるか、だが、作者の思考がテクスト生成に、いかなるものの介在もなく向かう、いわば「ゼロ度のテクスト生成」はありえない。思考を言葉とするためのシステムである国語 langue、国語に固有の音声・文法・語彙など、言葉の直接的で明示的な意味 dénotation、それに加えて、間接的で、いわば言外の意味 connotation ——より曖昧に表現すれば文化的背景といえるが——が必ず介在する。このようなコードの体系、文化的背景は作者の中に、生まれたときから徐々に浸透し、染みついているのだから、これを捨て去ってテクスト生成は誰もできない。ありえない「ゼロ度のテクスト生成」と大きくコードの体系に依存したテクスト生成の間のどこかで、実際の個々のテクスト生成は行われるはずである。

テクストが存在するためには、その存在に「先立つもの」précédents が二つあると言われる。一つはテクストの作者（作者の受けた教育、蓄積した知識、抱いた思想、生きた実人生など、作者に関わるすべて）であって、もう一つはテクスト以前に書かれたすべてのテクスト（むろん、特に作者が実際に読んだ可能性のあるテクスト）である。こうした二つの「先立つもの」の内容がコードの体系と相俟ってテクスト外コンテクストを成し、それは semantic unit レベルでも、テクストの総体レベルでも、その中間でもテクスト生成に作用したはずである。翻訳において十全に参照すべきものであることは論を俟たない。

12　森鷗外の翻訳の捉え方

「原典テクストの「ゼロ度の比較第三項」に最も近い（「意味」を最大限追究した）方向的等価を目的言語において実現するのが翻訳である」というように筆者は翻訳を定義した。これがあながち見当外れでないことは、近代文学史上屈指の翻訳の名手、森鷗外の翻訳の捉え方と比べてみても明らかである。

一九一三（大正二）年、森鷗外は日本で初めて『ファウスト』の翻訳を世に問うた。これをふまえて、同年、雑誌『心の花』第十七巻第五号に「訳本ファウストに就いて」という一文を発表し、自らの翻訳法について次のように語っている。

総て此頃の私の翻訳はさうであるが、私は「作者が此場合に此意味の事を日本語で言ふとしたら、どう言ふだらうか」と思つて見て、その時心に浮び口に上つた儘を書くに過ぎない。その日本語でかう言ふだらうと云ふ推測は、無論私の智識、私の材能に限られてゐるから、当るかはづれるか分らない。併し私に取つてはこの外に策の出だすべきものが無いのである。それだから私の訳文はその場合の殆ど必然なる結果として生じて来たものである。どうにもいたしかたが無いのである。(14)

「作者が此場合に此意味の事を」と、鷗外は翻訳における原典テクストの「意味」にいみじくも着目している。これは、筆者の定義で、(言語から独立している様態をゼロ度とした)「ゼロ度の比較第三項」に能うかぎり近づくこと、つまり、「意味を最大限追究する」ことに通じる。その先の「「(……)日本語で言ふとしたら、どう言ふだらうか」と思つて見て、その時心に浮び口に上つた儘を書く」とは、「作者が言っていることを日本語で表現する」としたら、どうなるかを模索する――原典テクストを日本語で自ら表現する――ということであり、筆者の定義における「方向的等価を目的言語において実現する」ことに符合する内容である。これは、翻訳の能力の非常に高い人が翻訳に実際に携わり、現実の翻訳の作業から体得した(「心に浮び口に上つた儘を書く」)体験的翻訳論といえるだろう。

第二章 『細雪』『雪国』の英仏訳に見る翻訳の実践

1　国語教育の日仏比較

「原典テクストの「ゼロ度の比較第三項」に最も近い（「意味」を最大限追究した）方向的等価を目的言語において実現するのが翻訳である」。このように筆者が案出した、翻訳の定義の有効性を谷崎潤一郎『細雪』と川端康成『雪国』の英仏訳――本書で扱うフランス語から日本語への翻訳の逆方向の翻訳――に探ってみよう。そして、その過程で、これらの英仏訳の翻訳者たちがどのような翻訳の方法を実践していたかをさらに詳しく検証しようというのがこの章の趣旨である。日本語テクストの英仏訳を英仏語テクストの日本語訳と比べて論ずるときに、是非とも知っておかなければならないことがある。それは両国（ここではフランスと日本に限って論ずることにする）の国語教育――翻訳者が翻訳者となる前に受けてきた国語教育――の違いである。あらかじめ断っておくが、フランスの国語教育が優れていて日本のそれが劣っている式の、優劣を問題にする視点は筆者は採用するつもりはない。それぞれの国がそれぞれの歴史的・文化的環境ないし条件によって、それぞれ異なる国語教育を実施してきた。そう認識するだけのことである。ただ、その国語教育の結果が翻訳という営為に多大の影響を与えている。それを問題にする。

実は我々の世代も――そして、学生諸君に訊いたところでは――今の若い世代もそのようだが、国語教育の中核を担うべき作文教育は日本においては、生徒と教師の感想のやり取りにほぼ終始し、曖昧で情緒的な域を出ていない。夏休みの宿題の作文などで、「可愛がっていたうちの小鳥が死んでしまって悲しかった」という内容を生徒が書けば、それに教師は「そうでしょう、さぞ悲しかったでしょう。そんなふうに命に寄り添う心はとても大切です」などの感想を書いて、丸か、二重丸か、花丸をつける。単なる感想文に採点者が自らの感想を添える程度のものである。

これに対してフランスの作文教育は、生徒の作文における語の選択、語法、構文、論理構成などの的確性を逐一教師が吟味し、ありとあらゆる文章作成上の問題点を徹底的に指摘しつつ添削するというものである。フランスでは入学試験に限らず、通常の学期末試験なども含め、試験という試験がすべて記述式であり、あらゆる場面でフランス語作文能力が問われる。むろん、フランスの作文教育のおおもとには、十七世紀創設のアカデミー・フランセーズによるフランス語の規範の厳密化と、その遵守についての監視・監督がある。フランス語はこう書くべきであるという規範がいつの時代においても明確であり、その規範が多くの作文の機会によって国民に叩きこまれるのである。

このような徹底した作文教育、作文教育に基礎を置いた国語教育は我々は受けたことがない。日本語においては、このように書くべきであるという、書き方の規範も不明確であり、したがって、そのような規範の教育を我々は受けたくても受けようがないのである。

2　欧文和訳教育の弊害

日本の外国語教育もあまりに偏狭であったし、いまだにそれは大きくは改善されていない。後述するように、「漢文訓読」の千年以上の歴史をふまえており、かつ、そのお蔭で、江戸時代のオランダ語の理解、そして、幕末から明治にかけての英語の理解が短期間で最大限の効果を上げた稀有なシステムであるにしても、その偏狭さは目に余る。

上記の曖昧で情緒的な作文教育を受けたうえで（ないしは、受けつつ）、我々は中学・高校・大学と十年間も英文和訳——大学では、他のヨーロッパ系国語を含む欧文和訳、あるいは、最近では東アジアなどの国語も第二外国語として学習されるので、それも含めて「外国語文和訳」——の教育をもっぱら受けている。そこで行われるのは、「漢文訓読」の千年以上の歴史に基礎を置いた逐語訳である。つまり、外国語と日本語の語の一対一の対応関係を羅列し、語順を一部変えてそれを繋げることによって外国語文を日本語文に置き換えるというものである。規範の不明確な日本語を曖昧な作文教育によって漠然と学びつつ、こうした逐語訳を十年間も叩きこまれた結果、外国語は逐語訳にすべきだ、逐語訳の翻訳文も日本語として成りたっている、などと頭に刷りこまれる仕儀となる。

そこで、日本語としてどれほど意味の通じにくい翻訳文でも意に介さない翻訳者があとを絶たず、いわゆる「悪訳」が巷に流布することになる。翻訳技術書の著者が異口同音に翻訳書（「出版訳」）の日本語の拙劣さを嘆く所以である。

一般讀者が飜譯文の文章を讀む態度としては、わかりにくかつたり、文章が下手であつたりしたら、すぐ放り出してしまふことが原作者への禮儀だらうと思はれます。日本語として通じない文章を、ただ原文に忠實だといふ評判だけでがまんしいしい讀むといふやうなおとなしい奴隷的態度は捨てなければなりません。(1)

このような三島の『文章讀本』の一節を引用しながら、英文学者で翻訳家の柳瀬尚紀は次のように、拙劣な日本語の「出版訳」を厳しく糾弾する。

三島のいう「飜譯文」が、つまり日本語が、重要なのだ。外国語を相手にして二国語間を往復し、しかし仕上げて公にする翻訳とは、日本語という一国語の表現である。一国語の質の善し悪しがすべてだ。翻訳した外国語の原文を言訳《いいわけ》に持出して泣言《なきごと》を並べるのを、しばしば見かける。翻訳者が「飜譯文」として自立していないものを世に送り出したことを懺悔《ざんげ》したところで、それはただたんにみっともない。(2)

また、翻訳批評書『誤訳　迷訳　欠陥翻訳』で知られる英文学者で翻訳家の別宮《べつく》貞徳は特に「英文和訳」の日本語を指して「えせ日本語」とまで言って非難する。

翻訳だから日本語を書くにきまっている。ただし、言いたいことはまだその先があります。つまり、多くの翻訳は一見日本語のようでいて、実はほんとうの日本語ではない、えせ日本語だということです。〔……〕一応日本語のかっこうはしていますから、なんとなく意味はわかりますが、すっと頭にはいってくれないし、時には外国語と同じでさっぱりわからない。第3章で多くの実例をあげた英文和訳は、先入観をすてて読めば、とうていほんとうの日本語とは受けとれないでしょう。(3)

さらに、仏文学者で翻訳家の鷲見《すみ》洋一はその翻訳技術書『翻訳仏文法』で仏文和訳の「悪しき定型を打ち砕」き、そのような「仏文和訳の悪しき定型から自由な、明快で平明な翻訳表現の必要性を強調」するといった強い口調で、拙劣な日本語を容認する「仏文和訳」の弊害を厳しく批判する。

この人たち〔大学の三、四年生〕は語学教室で「我々は我々を生んだ我々の父と母が我々に……」といった仏文和訳型の日本語をみっちり仕込まれているから、上巻では、とにもかくにもその悪しき定型を打ち砕くことが先決であった。〔……〕上巻の全26章をつうじて、私は仏文和訳の悪しき定型から自由な、明快で平明な翻訳表現の必要性を強調してきた。(4)

山岡洋一に至っては、「英文和訳」の「逐語訳」は翻訳者が原典テクストを理解せずに日本語に置き換えるだけの安易な方法であり、学校教育によってこれに慣らされているために翻訳者がともすれば陥る罠のようなものだとしている。

原文の意味と意図を理解し、それを日本語で表現する作業は簡単ではない。胃が痛み、頭をかきむしる作業である。ところがこの作業に苦闘しているとき、じつに簡単な抜け道が用意されている。英文和訳の技術を使えば、原文の意味をじっくり考えなくても、原文の語を一対一で対応した訳語に置き換えるだけで訳文ができあがる道が用意されているのである。そして、学校英語や受験英語で徹底した訓練を受けてきていれば、頭に英文和訳の回路が形成されている。意味を考えずに機械的に訳文を作る回路ができている。だから、翻訳の作業を進める際に、少しでも気を緩めると、原文の意図や意味を考えない訳文ができあがることになる。(5)

山岡は「逐語訳」を単に日本語の問題に還元するのではない。その背後に翻訳者の原典テクストの無理解、ないし理解の努力の欠如を看破しているのである。

確かに、日本における国語教育と外国語教育の問題点が如実に露呈するのが、これら翻訳技術書の著者たちの言う「翻訳」、本書で言うところの「出版訳」であろう。ただ、筆者はこれら著者たちとは若干立場を異にする。

3 「出版訳」と「講読訳」は別物

筆者の立場は、「英文和訳」「仏文和訳」などの「外国語文和訳」の価値と存在理由は充分に認めるものである。「漢文訓読」の千年以上の歴史は生半可なものではない。外国文化を巧みに自家薬籠中のものとしてきた我が文化圏のありようにも関わる。そして、それが教育現場で原典テクストの分析を含めて徹底して詳細に実行されれば、外国語文の理解にかなりの有効性を発揮することも疑えないからである。学校教育における「外国語文和訳」——本書では「講読訳」と呼ぶ——の利点は大いに認めるが、それと「出版訳」はまったくの別物と割り切る必要がある。これが筆者の立場である。

したがって、学生諸君には度々注意を喚起するのだが、期末試験、大学院入試などの試験で「外国語文和訳」の問題が出題されたら、それに対しては、必ず「講読訳」で解答しなければならないということである。間違っても、「出版訳」で解答してはならない。そのような試験は原典テクストを語法、文法事項、構文を含めてどこまで正確に理解しているかを採点対象としているからである。意味不明な日本語では困るが、自然な日本語を犠牲にしてでも、原典テクストの構文をかなりの部分引き写しにし、その十全な理解が表れるようにすべきである。

後述するように、ごく一部の職業文筆家（文筆によって生計を立てている、日本語表現それ自体のプロフェッショナル。さらに言えば、コンスタントな読者が五千人以上いる者）を除いて、名文家とは独自の文体を駆使し、誇示する者ではなく、メディアとTPO（時と場所と機会）、そして、（特定少数あるいは不特定多数の各メディアの）受容者に合った文体を使い分けられる者である。この点から言えば、試験の答案の受容者すなわち採点者はきわめて限定的な特定少数であり、ほとんどの場合「講読訳」にあまりにも習熟した者たちだからである。

「講読訳」とは別物の「出版訳」に関連し、山岡の指摘を敷衍して、もう一つ付け加えることがある。「要するに、翻訳は日本語の問題である。結局は、それに尽きる」[6]という柳瀬尚紀の言葉にもあるように、翻訳技術の大部分が国語の問題であるかのように言われることがある。これは上述の、日本の翻訳における国語の「惨状」が言わしめているだけである。翻訳の本質はあくまでも、原典テクストの「意味」に翻訳者がどこまで迫りうるか、つまり、原典テクストの「ゼロ度の比較第三項」にどこまで近づけるかということである。英語なら英語、フランス語ならフランス語の原典テクストの徹底した理解が六、七割はあるはずで、国語の問題はせいぜい三、四割程度、それも――繰り返しになるが――国語教育と外国語教育の不徹底という我が国の特殊事情に起因すると考えるのがよいだろう。邦訳のテクストが分かりにくい、ないし、別宮の言うように「さっぱりわからない」場合、翻訳者が原典テクストの「意味」を誤解していたり、理解が足りなかったりすることも大いにありうる。これから見てゆく『細雪』『雪国』の英仏訳では英語やフランス語の問題、つまり、国語の問題は皆無に等しい。どれを取っても、分かりやすい、みごとな英語やフランス語に仕上がっている。翻訳者たちが例外なく、学校教育において、厳密にして行き届いた国語教育、すなわち英語・フランス語教育を受け、しかも、ことさら逐語訳を叩きこまれたことのない者たちだからである。

4 行き届いた国語教育の弊害

公平を期するために見方を変えて述べれば、学校教育における厳密にして行き届いた国語教育の問題点もないわけではない。とりわけ、フランスの場合は少し極端なのかもしれない。というのは、フランスでは作家にはほとんど例外なく超秀才がなっている。裏を返せば、超秀才以外はほとんど作家にはなっていないという状況がある。

例えば、ジャン・ジュネ（一九一〇―八六）という作家がいて、きわめて質の高いフランス語文を書くとされているが、彼は職業は泥棒であり、エリート教育はもとより、学校教育もままならない青少年時代を過ごしている。彼のフランス語文はひとえに才能と血の滲むような独学によっている。これはまったくの例外であって、九十九パーセントのフランスの作家は人並み外れた秀才である。

秀才とはフランスでは昔ながらのフランス語の名文を叩きこまれた人たちである。そういう秀才、それも超秀才が作家となっているので、フランスの作家には名文しか書けない、名文を逸脱したフランス語が書けないという欠点がある。名文を逸脱したフランス語を書いているかのような作家は二十世紀になっていないこともない。レーモン・クノー（一九〇三―七六）の『地下鉄のザジ』（一九五九）はパリの市井の人々の日常会話そのもののような言葉で書かれているとされている。にもかかわらず、紛れもない名文と思えるほどに、やはりよく書けているのである。実はみごとに計算された、ある種人工的な市井の言葉と言わざるをえない。彼らは名文しか書けないという欠点はやはり避けがたくあるのである。我々の国語教育は名文を無理

に書かせる教育ではないので、我々の文章表現たるや、自由自在か融通無碍《ゆうずうむげ》というくらいに自由度が高い。

卑近な例を挙げれば、フランスでは英語不使用運動というものが定期的に起こる。戦後早い時期に、weekend は英語だからけしからんということで、fin de semaine（「週の終わり」つまり「週末」）と言うようにと推奨されたりした。英語ではなく和製英語にすぎないがウォークマン Walkman というものがフランスで全盛を極めていた一九八〇年代から九〇年代にかけてのこと。「ぶらぶら歩きをさせる」「散歩させる」という意味の他動詞 balader（これは se balader となって代名動詞として使われると「ぶらぶら歩きをする」という意味になる）を名詞化して、「ぶらぶら歩きをさせる（する）もの」という意味の baladeur と言う語が代わりに推奨されたりもした。それに引き替え、日本語の自由度は何でもありの天衣無縫状態である。今の若者の造語は大変なもので、「今、渋谷にいる」ということを「渋谷なう（now）」と言ったりする。このような自由は悪くないとも言える。お蔭で、ここ十年ばかり、「かわいい」という日本語は kawaii となって世界中を席巻し、もはや万国共通語として、何語でも通じるかのようになっている。そのように箍《たが》が外れているというか、無秩序に近い状態であることによって、その言語は大きく変貌を遂げる自由を許される。のみならず、融通が利く言語表現は特にサブカルチャーにおいて非常に使い勝手がよいということが起こったりもする。フランス語の厳密さに比べ非常に緩やかな言語使用の実態といえよう。

話をもとに戻し、翻訳について言えば、彼の地では、フランス語の達人あるいは英語の達人が最初から翻訳者となっている。彼らは英語とはこうあるべきだ、フランス語とはこうあるべきだということがよく分かっている、悪く言えば、そこから逃れられない人たちである。ところが、我々は国語についてこうあるべきだという規範を一切持たない状態で翻訳をすることになる。そこで、我々の日本語があまりにも拙劣であるために、柳瀬が「要するに、翻訳は日本語の問題である。結局は、それに尽きる」などと声を大にすることになるのである。国語教育の各国におけるギャップは非常に大きいので、そのことを前提に、これから掲げる『細雪』『雪国』の英仏訳を読まなければならない。そうでないと、どうしてこんなに英語ができるのだろう、フランス語ができるのだろうという疑問が生じ、それが氷解しないことになる。彼らはもともとすさまじく英語やフランス語ができる人たちであり、日本の翻訳者は日本語があまりできない場合も多々あるというわけである。

5 完璧な現実の mimesis という信頼

小説の場合には、翻訳における「比較第三項」——すなわち、言語の指示機能によって指示される（極端な場合には）言語外の「意味」——になりうるのは、「ミメーシス」の対象、模倣された現実である。

西欧の小説、とりわけ、近代リアリズム小説においては、現実を破綻なく完璧に模倣するのが、小説が成りたつための最低限の絶対条件である。

西欧におけるリアリズム、言い換えれば「現実模倣の美学」の伝統はアリストテレスに遡る。アリストテレス以前のプラトンのイデア論においては、mimesis の美学が成りたたないという単純な事実がある。イデア idea の語源は idein「見る」であり、eidos「姿、形」であるが、プラトンにおいてはイデア idea は本質であり、それは目に入る現実にはなく、彼方にある。目の前の現実はむしろ彼方の本質の模倣である。そのような本質の影でしかなく本質ではないのだから、いくら目の前の現実を模倣したところで美にはならない。その美学がアリストテレスになって変更を加えられる。プラトンにおいてはどこか他所にあった本質 idea＝eidos が、アリストテレスにおいて初めて目の前の現実にあってもおかしくないことになった。そのような目の前の現実を模倣すれば、その模倣には本質を表象する可能性が生じることになったので、mimesis 美学が成りたつようになったと言われている。

アリストテレス以降のヨーロッパにおける mimesis 美学の展開を詳細に跡づけたのがアウエルバッハの『ミメーシス――西欧文学における現実の表象』(7) である。例えば、その十九世紀リアリズム文学における『ボヴァリー夫人』（一八五七）の食事の場面の分析は圧巻である。

『ボヴァリー夫人』になって初めて、食事という卑俗な日常を文学が真っ向から描くようになったとされている。食事の場面に美がある、本質があると考えられているから、『ボヴァリー夫人』では何の変哲もない食事の場面が延々と叙述される。実は何の変哲もないわけではなくて、その食事の場面においてこそ、夫シャルルの凡庸さと、夫との生活の凡庸さに耐えきれないエンマの、どうにもやり場のない心の閉塞状態が的確に表現されているとされる。食事をしているときのエンマの様子、そして、そのときの夫シャルルの、エンマにはどうにも耐えきれない様子が食事を通して雄弁に語られる。[8] そのようにして西欧の美学においてはリアリズムの探求、つまり、現実を真似ること、現実の mimesis が徹底して行われるのである。

　ギリシア以来の mimesis 美学の伝統が脈々と受け継がれ、完璧に実現されていることが、我々が西欧の小説を翻訳するときの何物にも代えがたい因《よすが》となる。mimesis 美学を完璧に行っていな

い作品は駄作であり、出版翻訳の対象から外して憚るところのない所以である。もちろん、シュルレアリスムなど現実の mimesis に則らない創られ方をした作品は別の話であるが。

翻れば、そうした西欧文学の mimesis 美学を我々は主としてリアリズム小説を通して明治以降に習い始め、懸命に我が物としようと努めた。そして、それを完全にマスターした者たちのみがやがて小説家として一家を成すに至った。そのような経緯から、谷崎潤一郎の『細雪』は現実の mimesis を完璧に行い、決して破綻することがない。空間設定とその中での登場人物の動き、時間軸上での物事の進展、それらすべてが完璧に模倣されている。川端康成の『雪国』についても同様のことが言える。日本の近現代小説が現実の mimesis の規範に則って書かれているからこそ、読者は小説の中の現実を躊躇なくトレースすることができ、それらの作品を英語やフランス語に訳すうえでも確固たる指標があるのである。

6 『細雪』と『雪国』に共通する近代リアリズム小説の文体

『細雪』も『雪国』もいずれも、西欧の近代リアリズム小説が開発し、世界中に流布させた現実の mimesis の方法をそのまま用いて書かれている。その特質を分析する前に、両作品の執筆の経緯を簡単に振り返ってみよう。

『細雪』は一九四二（昭和十七）年から一九四八（昭和二十三）年にかけて執筆された。当初、雑誌『中央公論』の一九四三（昭和十八）年一月号と三月号に発表されたが、戦時の風潮にそぐわないものとして、軍部の圧力で発表停止となった。上巻を私家版の形で一九四四（昭和十九）年七月に刊行するが、これも警察当局の忌諱《きき》するところとなった。谷崎は飽くことなく執筆を続けるが、発表はままならず、やっと、終戦後、一九四七（昭和二十二）年三月から一九四八（昭和二十三）年十月にかけて雑誌『婦人公論』に下巻が発表され、完成された。これに先立つ一九四六（昭和二十一）年三月に上巻が、一九四七（昭和二十二）年二月に中巻が、そして、完成後、一九四八（昭和二十三）年十二月に下巻がそれぞれ中央公論社から単行本出版された。

一方、『雪国』は一九三五（昭和十）年から一九三七（昭和十二）年にかけてまず執筆され、十一年の歳月を置いて、戦後、一九四八（昭和二十三）年に続編が執筆された。一九三五（昭和十）年一月に雑誌『文藝春秋』に「夕景色の鏡」と題して発表されて以来、一九三七（昭和十二）年五月まで、種々の雑誌に発表された連作の形を取る。これが一九三七（昭和十二）年六月に『雪国』という総題を冠して創元社から出版された。終戦後、結末部分が書き加えられて、一九四八（昭和二十三）年、創元社より完結版として刊行された。さらに、一九七一（昭和四十六）年、牧羊社より定本版が上梓された。

『細雪』も『雪国』もいずれも雪というもの、雪のイメージを含む作品であるという共通点も、単純にタイトルの字面から窺い知れる。

この二つの作品は共通して西欧近代リアリズム小説の文体上の特徴を持っている。その特徴として三点を挙げることができるが、それらを明らかにするには、むろん、原典に当たらなければならない。英仏訳との対照の際にも参照するので、少し長めではあるが、『細雪』と『雪国』の冒頭をそれぞれ引用しておくことにする。まず、『細雪』の冒頭である。

「こいさん、頼むわ。――」

鏡の中で、廊下からうしろへ這入って来た妙子を見ると、自分で襟を塗りかけていた刷毛を渡して、其方は見ずに、眼の前に映っている長襦袢姿の、抜き衣紋の顔を他人の顔のように見据えながら、

「雪子ちゃん下で何してる」

と、幸子《さち》はきいた。

「悦ちゃんのピアノ見たげてるらしい」

――なるほど、階下で練習曲の音がしているのは、雪子が先に身支度をしてしまったところで悦子に摑まって、稽古を見てやっているのであろう。悦子は母が外出する時でも雪子さえ家にいてくれれば大人しく留守番をする児であるのに、今日は母と雪子と妙子と、三人が揃って出かけると云うので少し機嫌が悪いのであるが、二時に始まる演奏会が済みさえしたら雪子だけ一と足先に、夕飯までには帰って来て上げると云うことでどうやら納得はしてい

るのであった。(9)

次に『雪国』の冒頭を引用しておこう。

国境の長いトンネルを抜けると雪国であった。夜の底が白くなった。信号所に汽車が止まった。

向側の座席から娘が立って来て、島村の前のガラス窓を落した。雪の冷気が流れこんだ。娘は窓いっぱいに乗り出して、遠くへ叫ぶように、

「駅長さあん、駅長さあん。」

明りをさげてゆっくり雪を踏んで来た男は、襟巻《えりまき》で鼻の上まで包み、耳に帽子の毛皮を垂れていた。

もうそんな寒さかと島村は外を眺《なが》めると、鉄道の官舎らしいバラックが山裾《やますそ》に寒々と散らばっているだけで、雪の色はそこまで行かぬうちに闇《やみ》に呑《の》まれていた。

「駅長さん、私です、御機嫌《ごきげん》よろしゅうございます。」

「ああ、葉子さんじゃないか。お帰りかい。また寒くなったよ。(10)」

通常、小説で叙述を行うときに、sommaire（要約）によって語る場合と、会話や空間内の人物

移動の描写によってその場を scène（場面）として再現する場合がある（後述するG・ジュネットによれば、これ以外に pause（休止）と ellipse（省略）があるが、ここでは主要なこの二つのみを扱う）。物語を進行させるのに、sommaire を多用しながらこの二つの叙述を混ぜて用いるのが通例であるが、『細雪』も『雪国』もいずれも sommaire を極力抑えて、scène による叙述を主体にナレーションを形成し、三次元空間と時間経過の模倣を最大限、現実に近づけている。これが、『細雪』と『雪国』が共有する西欧近代リアリズム小説の文体上の第一の特徴である。

第二の特徴はと言えば――そのような scène によるプレゼンテーションから因ってくることであるが――、作品の冒頭部分も要約による説明から始めることはまったくせずに、唐突に読者を物語の時間・空間に参画させることによって始めていることである。引用したばかりの両作品の冒頭を読めば、この点は一目瞭然であろう。

第三の特徴であるが、これには少し説明を要する。今や、やや古典的ともいえる語りの理論、ナラトロジーにジェラール・ジュネットの『物語のディスクール』（一九七二）がある。ジュネットは、話者が自らが語る物語に登場する場合を「均質の話者」、登場しない場合を「異質の話者」と名づけ、さらに、話者の物語る行為が物語中に登場する場合を「物語内の語り」、登場しない場合を「物語外の語り」としている。(11) この分類に従えば、『細雪』の話者も『雪国』の話者もいずれも、自らが語る物語の中には登場しない「異質の話者」であり、さらに話者が物語る行為が物語の中に描かれていない、つまり物語の完全に外に位置する「物語外の語り」となっている。

「異質の話者」かつ「物語外の語り」である。このような話者の特質と語りの位置づけを持つのが、十九世紀西欧（特に、フランス）のリアリズム小説の話者のステータス、すなわち、いわゆる「全知の話者」（何事も知っている話者）のステータスである。次に述べる「焦点合わせ」にしても同様のことがいえるが、「日本美の極致」などと一般読者レベルではもてはやす向きのある『細雪』も『雪国』もナレーションの技法からすれば十九世紀西欧リアリズム小説の規範に忠実であり、この点「西欧小説」と選ぶところがない。

ジュネットは話者が登場人物に視点を合わせる（focaliser）合わせ方（focalisation）として三種類あるとする。第一の「焦点合わせゼロ」は話者がいかなる登場人物にも焦点を合わせず、いわば、全焦点カメラで風景を捉えたように何でも知っていて、話者が登場人物よりも情報が多い状態である。第二の「内部焦点合わせ」は話者が特定の登場人物の内部に焦点を合わせ、その登場人物と情報が同じ状態である。第三の「外部焦点合わせ」は話者が特定の登場人物の外部に焦点を合わせ、その登場人物よりも情報が少ない状態である。[12]「全知の話者」タイプの話者が往々にして行う視点の操作は次のようなものである。

普通はすべてに焦点を合わせておき、すべてのことを知っているとして物語る。時に応じて、それぞれの登場人物に内部焦点合わせをして、すなわち、登場人物の視点に話者の視点を同一化して叙述を行う。あるいは、登場人物に外部焦点合わせをして、登場人物を知らないかのように描く。この視点の移行を自由自在に「全知の話者」タイプのナレーターは行う。話者が行う三つの焦点合わせについても、『細雪』『雪国』のいずれも「全知の話者」タイプの性質を示している。
三つの焦点合わせのうち、登場人物への「内部焦点合わせ」を小説の冒頭で用いる点も二作品に共通した西欧近代リアリズム小説の技法の一つである。『細雪』の冒頭部分においては、「――なるほど」というところからやや移行し始めるが、その前のところは、幸子という登場人物の視点にナレーターは視点を同一化させて叙述を行っている。一方、『雪国』では、冒頭の引用部分だけでなく、そのあともかなり長い間、島村に視点を合わせて話者は叙述を行っている。

7 両作品の英仏訳に見る視点の同一化

このような登場人物への視点の同一化を各英仏訳はどのように処理しているのか。まず、その最小限を引用してみよう。『細雪』と『雪国』の冒頭のほぼ同量に当たる、『細雪』では「……ピアノ見たげてるらしい」まで、『雪国』では「……駅長さあん、駅長さあん。」までに相当する部分である。

最初に三種類の『細雪』の訳である。一応、刊行年順に並べておく。

(1) "Would you do this please, Koi-san?"

Seeing in the mirror that Taeko had come up behind her, Sachiko stopped powdering her back and held out the puff to her sister. Her eyes were still on the mirror, appraising the face as if it belonged to someone else. The long under-kimono, pulled high at the throat, stood out stiffly behind to reveal her back and shoulders.

"And where is Yukiko?"

"She is watching Etsuko practice," said Taeko.(13)

(2) — Koi san, veux-tu m'aider?

Ayant aperçu dans le miroir Tae ko qui était entrée et se tenait derrière elle, Satchi ko lui tendit sans se retourner le pinceau à maquiller avec lequel elle avait commencé à se farder elle-même la nuque. Ses yeux restaient fixés sur la figure, qui se reflétait devant elle, d'une femme en sous-vêtement au col largement descendu par-derrière ; elle la regardait comme s'il s'était agi d'une autre personne.

— Que fait Youki ko en bas? demanda-t-elle.

— Je crois qu'elle surveille le piano d'Etsou ko.(14)

(3) « S'il te plaît, "Koisan" ? »

Sachiko, en train d'étaler le fard blanc sur sa nuque, venait d'apercevoir dans la glace l'image de Taeko entrant derrière elle par la véranda. Sans se retourner, elle lui tendit le pinceau et, tout en fixant son propre reflet de jeune femme en parure de dessous, aux épaules largement dégagées, comme elle eût dévisagé une étrangère, demanda :

« Que fait Yuki en bas ?

— Je pense qu'elle fait étudier son piano à Etsu.[15] »

次に二種類の『雪国』の訳である。これも一応、刊行年順に並べておく。

(4) The train came out of the long tunnel into the snow country. The earth lay white under the night sky. The train pulled up at a signal stop.

A girl who had been sitting on the other side of the car came over and opened the window in front of Shimamura. The snowy cold poured in. Leaning far out the window, the girl called to the station master as though he were a great distance away.[16]

(5) Un long tunnel entre les deux régions, et voici qu'on était dans le pays de neige. L'horizon avait blanchi sous la ténèbre de la nuit. Le train ralentit et s'arrêta au poste

d'aiguillage.
La jeune personne, qui se trouvait assise de l'autre côté du couloir central, se leva et vint ouvrir la fenêtre devant Shimamura. Le froid de la neige s'engouffra dans la voiture. Penchée à l'extérieur autant qu'elle le pouvait, la jeune personne appela l'homme du poste à pleine voix, criant au loin.[17]

『細雪』冒頭の幸子への、そして『雪国』冒頭の島村への視点の同一化を正確に再現しているのが、『細雪』の訳では(3)のメクレアン訳（あるいは、完全なバイリンガルの Anne Bayard-Sakai が日本文の微妙なニュアンスを酌んで、フランス語訳を調整していることからすれば、この二人の訳というべきかもしれない）*Bruine de neige* であり、『雪国』の訳では(5)のフジモリ訳（あるいは、*Bruine de neige* 同様、Armel Guerne がフランス語をかなり直しているようであるから、この二人の訳というべきかもしれない）である。これに対して登場人物への視点の同一化を無視して訳しているのが、『細雪』の訳では(1)のサイデンスティッカー訳 *The Makioka Sisters* と(2)のルノンドー訳 *Quatre sœurs* である。さらに『雪国』の(4)サイデンスティッカー訳 *Snow Country* もこの点に関して無視している。

一言だけこのことが明確に表れた語を『細雪』の場合で指し示しておく。(1)サイデンスティッカー訳では Her eyes were still on the mirror（幸子の目はずっと鏡に注がれていた）とある。(2)ルノンドー訳では Ses yeux restaient fixés（彼女の目がじっと〔鏡の中の自分の姿に〕注がれていた）とある。このように⑴サイデンスティッカー訳も⑵ルノンドー訳もいずれもher eyes（幸子の目）、ses yeux（幸子の目）と言っているのであって、her eyesあるいはses yeuxと言うことによって目を客体化してしまっている。目を客体化してしまえば、その目と同化しえないという単純なことから、⑴サイデンスティッカー訳についても⑵ルノンドー訳についても、登場人物への視点の同一化が無視されていることが容易に見てとれる。

8　『細雪』の文体の時間性と論理性

両作品の冒頭部分の英仏訳をこれからさらに詳細に分析してゆくことにする。⑴から⑸までの英仏訳において、翻訳の過程で新しく付け加えられた語には実線のアンダーラインを引き、大幅に書きかえられた部分には破線のアンダーラインを引いておいた。

まず『細雪』の英仏訳を見ていくが、『細雪』の「鏡の中で……」から「幸子はきいた。」までは一つの文章であって、これをどのように切っていくかで訳し方が違ってくる。どの述語動詞をもとに文章を組み立てながら切っていくかということだが、サイデンスティッカー英訳⑴とルノンドー仏訳⑵はもとの述語動詞をほぼそのまま使って切っている。つまり、「刷毛を渡す」というところと「見据える」というところを使ってこの文章を区切りながら訳文を構成している。⑶

のメクレアン仏訳 *Bruine de neige* については、最初のところで、その前の「妙子を見る」を、venait d'apercevoir というように「見たばかりであった」という半過去形の近接過去を使って述語動詞化し、ここまでの部分を文章として独立させている。こうした工夫とも大いに関わりがあるが、この(3)のメクレアン仏訳は、最初の「……幸子はきいた。」までの推移をかなり明確かつ正確に時間経過の中に位置づけている。そして、それが実にみごとに、フランス語という国語が要求する論理的な構築になっているのである。

もう少し説明すると、サイデンスティッカー英訳(1)では、「Taeko had come up（妙子がやってきていた）というように過去完了が用いられ、妙子がもうすでに後ろに来ていて、それをある程度時間が経過してから幸子は見るという、時間差を設けた訳文になっている。ルノンドー仏訳(2)では、Tae ko qui était entrée et se tenait derrière elle（入ってきていて、幸子の後ろにいた妙子）となり、qui était entrée という大過去によって、妙子がもうすでに入ってきていることが示されている。そして、すでに後ろにいる、後ろにいる状態がある程度続いている、ということが se tenait derrière elle の se tenait という半過去によって表されている。これも、妙子が入ってきたことと幸子がそれに気づくこととのあいだに時間差を設ける訳文となっている。

これら二つの訳に対して、メクレアン仏訳(3)は、より以上に正確にこの場を捉えようとしている。つまり、刷毛で襟を塗りかけている幸子は鏡の中で自分の姿を見、その後ろを見ているはずだから、妙子が入ってきたならば、入ってきたとたんに気づくのが当然であろう、というのである。妙子の image（姿）という論理的に正確を期した言い方をして、それを主語に entrant derrière elle（幸子の後ろに入ってきている）というふうに entrant という現在分詞を使って、今まさに妙子が入ってきて、その入ってきている妙子に幸子が気づくというように時間差をまったくなくしている。おそらく、これこそがこの場の最も自然で、最も説得力のある、したがって最も実際に近い物事の継起と、それを捉える論理、要するに、物語内の現実の mimesis であろう。三次元空間と、その中で直線的時間経過に沿って推移する人物の動きと出来事。西欧近代リアリズム小説はこの両者をいかなる破綻もないように模倣することで成りたっている。それとまったく同じ現実の mimesis が『細雪』でも実現されているのであって、その模倣される現実を「比較第三項」すなわち「意味」として徹底的に追究し、その「方向的等価」をフランス語で実現しようとしているのである。これがメクレアン仏訳(3)の特徴であり、翻訳技術の卓越性、ヴィルチュオジテ（名人技）である。ほかの二つの翻訳、サイデンスティッカー英訳(1)とルノンドー仏訳(2)も『細雪』で模倣されている現実を「比較第三項」すなわち「意味」として追究し、その「方向的等価」をフランス語で実現しようとしていることに変わりはない。だが、その徹底の度合いがメクレアン仏訳(3)に比べてかなり低いといわなければならない。

この最新のメクレアン仏訳(3)は題名にも、物語の内容に着目した *The Makioka Sisters*（蒔岡姉妹）あるいは *Quatre sœurs*（四姉妹）というこれまでの英仏語訳からまったくかけ離れた *Bruine de neige*（雪の霧雨）という題名を採用している。自然の風物・イメージを人間生活と重ね合わせるという、この小説の趣をかなり忠実に再現した絶妙のタイトルといえよう。まさに、「細雪」という語そのものの訳である。

こうしたタイトルの選定に対する繊細にして鋭敏な感性と深い洞察力がメクレアン仏訳(3)の場合は、徹底して細部にまで行き届いている。引用部分の véranda という訳も、日本家屋の二階の廊下の訳としては比類ないものである。もしかりに、これに、洋館の廊下を指す couloir という訳語を当てたとすれば、これほど無神経な翻訳はないということになるだろう。なぜならば、couloir は建物内部の廊下であり、光はほとんどささないからである。日本家屋の二階の廊下は建物の外周に沿ってあり、光に満ち溢れている。そのような外光の降りそそぐところだからこそ、女性がそれを背に化粧できるのである。幸子が見入る鏡には穏やかな光が溢れ、そのただ中に妙子が現れたのである。建物の外周にしつらえられた、光の遍満する移動空間を指す véranda という語でなければ、ここは理解できない、あるいはイメージが湧かないことこの上ないのである。

さらに、このメクレアン仏訳(3)については、reflet de jeune femme（若い娘のような面差し）の de jeune femme（若い娘のような）が日本語原文にはなく、翻訳者が補っている語である。やや論理性が勝ちすぎるかもしれないが、幸子が自分の姿を他人の顔であるかのように見るためには、おそらくそこに何か理由があるはずだという思考がこの訳語の補足の背景となっている。幸子が非常に若々しい肌を持っている、若々しく見えるということが当該引用部分の十行ほど先に出てくる（「濡れた肌の表面へ秋晴れの明りがさしている色つやは、三十を過ぎた人のようでもなく張りきって見える」『細雪』上巻、三頁）。直接的にはこのことを、そして、間接的には、年齢よりも若く美しい幸子のイメージが全編を通して物語に彩りを与えていることをおそらく念頭に置いて son propre reflet de jeune femme すなわち、「若い女性のような自分自身の鏡に映った姿」という言い方をしている。今の自分からかけ離れた（と幸子には感じられる）姿が鏡の中に見えたからこそ、幸子はまるで他人の顔のように見据えているのである。こうした論理をメクレアン仏訳(3)はフランス語が要求する論理性に従って、わざわざ付け加えているわけである。

9 作品の内と外のコンテクスト

翻訳者は原典テクストの理解を決して曖昧なままに放置してはならない。翻訳の読者の代わりに百パーセント原典テクストを理解しなければならない。メクレアン仏訳(3)はこのような翻訳の基本中の基本を徹底して実行に移している。「英文和訳の回路（……）」、意味を考えずに機械的に訳文を作る回路」、山岡洋一の言う「じつに簡単な抜け道」を使い、原典テクストの字面だけを単に目的言語に移している場合には、曖昧で済むわけである。ところが、一歩踏みこんで、原典テクストから自分の得た理解を訳文に示す——すなわち、「原典テクストの「意味」を最大限追究し、その方向的等価を目的言語において実現する」——ということは、実は読者に対して、ある種言い逃れのできない責任が生じてしまうことである。それは翻訳者が是非ともすべきことである。そして、それをすることこそがまさに翻訳者の本分であり、そこにおいてこそ、翻訳者の本領が発揮されることになる。

当然ながら、原典テクストの「意味」の理解にいささかでも不確かな点があるならば、確認を取らなければならない。そのためには、学力の高い、信用のおけるネイティブ・スピーカーにしっかりと質問をする。原典テクストのこの部分を自分はこのように理解したのだが、それでよいのか、というふうに尋ねてみることが肝要である。メクレアン訳に révisée par Anne Bayard-Sakai と明確に記してあるのは、そのような確認の作業が綿密に行われたことを表している。Anne Bayard-Sakai は日仏バイリンガルのきわめて優れた研究者であり、このような確認の役目に適任である。彼女が réviser「見直し」ているわけで、メクレアン訳には Bayard-Sakai の原典テクストの理解も充分に活かされているのである。そして、何よりもフランス語の（物事には、その理由が必ずあるとする）論理性が読者に対して確保されなければならないというところまで踏みこんで、このフランス語訳は成立している。そのことに注意しなければならない。日本語はそこまで論理性を要求しないので、谷崎の原典では「他人の顔のように見据えながら」だけで、理由を示さなくてもまったく不自然さは生じない。日本語には、こうした曖昧さをどちらかと言えば歓迎するという特質がある。ところが、フランス語はこの曖昧さは許容しないはずであるが、ルノンドー訳はこの曖昧さをそのまま残しているし、サイデンスティッカーの英訳も同様である。

つまり、この文章の理解を、論理性を徹底して追求することでは行っていないということであろう。

フランス語の論理性を追求するうえで、Mécréant および Bayard-Sakai は直接的には、幸子が非常に若々しい肌を持っている、若々しく見えるということが当該引用部分の十行ほど先に出てくること[18]、間接的には、年齢よりも若く美しい幸子のイメージが全編を通じて物語に彩りを与えていることをおそらく念頭に置いていたと先述した。筆者は翻訳の諸問題のところで次のように述べた。原典の著者はその思考の流れに従って言語を紡いでいくわけであるが、そのときに semantic unit は共時的な面を持つだけでなく、通時的な面も併せ持つ。つまり、テクスト内のコンテクストに対するレファレンスを絶えず行っている。そして、翻訳に際してはこのテクスト内のコンテクストは当然大いに参照すべきである、と。このテクスト内のコンテクストを Mécréant および Bayard-Sakai は参照して、reflet de jeune femme「若い女性の残像」と言ったのである。

そのようなテクスト内のコンテクストとともに、原典が書かれるときに参照される、langue およびその文化的背景、いわばテクスト外のコンテクストも翻訳に際して大いに参照されるべきである。この『細雪』という作品はそうした文化的背景が何にも増して重要な作品であり、テクスト内のコンテクストと分かちがたく結びついているからである。

テクスト外のコンテクストに規定されるテクスト内のコンテクストを少し辿ってみよう。『細雪』は船場の蒔岡という旧家の四姉妹の物語であって、物語の展開する昭和十一年から十六年においては、この旧家の蒔岡家も凋落し始めている。蒔岡家の先代が当主であった大正時代に全盛を極めて、昭和に入ってからの蒔岡家にはもはや往年の勢いはない。蒔岡家のモデルになったのは、配偶者を三回変えた谷崎の、三人目の配偶者である松子夫人の実家、森田家であると言われている。大阪船場の旧家でありながら、もはやその旧家としての対面が保てない状態になってきている物語の中の蒔岡家。ルノンドー訳のタイトルにもなっているように、蒔岡家には四人の姉妹、すなわち、鶴子、幸子、雪子、妙子がいる。長姉の鶴子は蒔岡家の本家の跡取りである。蒔岡家には男子がいないので、鶴子に養子をもらって、蒔岡本家は存続している。その養子は辰雄という。辰雄はもともと銀行員で鶴子の父親、先代の当主に見込まれて本家の当主になったのだったが、蒔岡家の凋落は如何ともしがたかった。蒔岡家の家業を維持することはできず、辰雄は『細雪』の物語が始まる段階ではすでに銀行員に戻っている。東京転勤になり、鶴子とともに東京に移り住んでいる。この当時は女性が若いうちに嫁ぐのが一般的であったので、物語中では「まだ」という言い方がされているが、雪子と妙子は未婚である。なかでも、雪子はこの当時の見方では、結婚適齢期をかなり越えている。幸子は貞之助という養子をもらって蒔岡家の分家を成している。幸子と貞之助の夫婦は現在の神戸市東灘区岡本のあたりに居住している。本家の東京移住に同行するわけにいかず、雪子と妙子はこの蒔岡家の分家に身を寄せている。『細雪』の物語は一言で言えば、家運が傾き、あまり高望みはできない中、雪子の結婚相手を探す「お見合い」の話、そして、奔放な妙子の恋愛話が骨子となっている。『細雪』全編を翻訳するために、サイデンスティッカーもメクレアンもルノンドーもこのような全編の内容についてはむろん熟知しているはずである。

それで、冒頭部分の「こいさん、頼むわ」については、サイデンスティッカーも Would you do this please, Koi-san? と、また、メクレアンも S'il te plaît, "Koisan"? と、さらに、ルノンドーも Koi san, veux-tu m'aider? と、三者すべてが「こいさん」という日本語をそのままアルファベットにして使っている。そして、一九六〇年以前という時代背景と出版社の編集方針等によりサイデンスティッカー英訳(1)は、今日では許されない方法ながら、原典テクストと区別なく本文中で、ルノンドー仏訳(2)とメクレアン仏訳(3)は注を設けて、この伝統的な呼び方と大阪の旧家の雰囲気について解説している。加えて、メクレアン訳では、東京のある種コスモポリタン的な文化とは異なる、大阪という地域の豊かな文化的背景を巧みに説明している。そのように、コンテクストに対するリファレンスが明確にあるからこそ、これら三つの訳いずれにおいても、「こいさん」をそのままアルファベットで表記するという正しい判断をしているといえる。

ところで、『細雪』は凋落しつつある旧家の四姉妹を描き、その凋落をめぐる無常観が背景にあるからこそ、四姉妹の安穏とした日常にも影が落ち、四姉妹の美しさは際立ちながらも、寂寥を誘う。

谷崎文学の特質として挙げられるとともに、おそらく日本文学の最も重要な通奏低音の一つであるかのように、文学史の中で変わらず鳴り響いているのは無常観である。この世のすべては移ろいゆくものであり、滅びるものであるという無常観。また、仏教の基本教義に諸行無常、諸法無我、涅槃寂静があり、諸行無常、諸法無我というこの世の理《ことわり》を本質的に理解したときに人は初めて涅槃寂静の境地に至るという意味での無常観。さらには、小林秀雄が『無常といふ事』（一九四六）の中で『平家物語』について指摘した、鴨長明流の感慨的な無常観を超えた省察的な無常観。そうしたものが日本の美学のおそらく基本であろう。

日本文学の最大のテーマの一つである無常観を谷崎はすべての作品で掘りさげていると考えられる。すべてが無常であることは分かっているが、そうした無常なるものに固執しないわけにはいかない。これが谷崎の美学であり、メイン・テーマである。『春琴抄』においても然り、『少将滋幹の母』においても然り、『平中物語』においても然りである。このテーマこそがまさに『細雪』においても追究されているのである。だから、蒔岡家は決して全盛の蒔岡家であってはならない。蒔岡家が全盛を過ぎてすでに凋落し始めている。それこそが重要である。このようなテクスト外のコンテクストをもしっかりと押さえておくことが当然、作品の理解には必要である。

前述のように、作品が書かれるについては二つの「先立つもの」précédents がある。その作品が書かれる以前の作品の総体と、その作品を書いた人間である。『細雪』以前の日本文学全体、そして、作品を書いた人間——ここでは作者である谷崎——、さらに、これら二つが組み合わされた『細雪』以前の谷崎の全作品と谷崎が読んだ全作品。これらを充分理解することも肝腎である。ここで扱っている三つの英仏訳には、程度の差こそあれ、こうしたすべてに対する抜かりのない目配りも見て取れる。

10 『細雪』の文体と谷崎の資質

『細雪』英仏訳の上記引用部分において、日本語原文への補足はメクレアン仏訳(3)ではすでに分析した reflet de jeune femme の de jeune femme のみであり、また、ルノンドー仏訳(2)についても et se tenait (そして〔幸子の後ろに〕いた) のみである。このルノンドー仏訳(2)の付加については、もともと不必要な時間経過をわざわざ付け加えたにすぎないことは前述のとおりである。サイデンスティッカー英訳(1)に至っては、構文等の変更はあっても、まったく付け加えはない。三種類の英仏訳の引用部分で明らかなのは、冒頭部分を翻訳するのに『細雪』においては (ほとんど) 何も付け加える必要がなく、谷崎の文章が必要な情報をすべて備えていることである。

これは谷崎の資質に由来するのだが、谷崎の資質を考えるうえで重要な要素は、谷崎が非常に早くから、すべてを口に出して言う癖を付ける英語の勉強をしていたという、よく引き合いに出される事実である。

谷崎は十三歳のときから英語を勉強していた。築地の居留地にあるサンマーという英国人一家の塾に通って、英語をある程度話すことをしていたと言われている。『幼少時代』と題する谷崎自身の回想録から引用しよう。

その頃、日本人の教師を交えず、純粋のイギリス婦人だけで教えている英語の学校が、築地の居留地にあった。〔……〕日本人離れのした、異国趣味の西洋館ばかりが並んでいる一区域であったが、そこにサンマーと云う英国人の一家が英語の塾を開いていた。正しくは「欧文正鴻学館」と云う名で、ペンキ塗りの南京下見《じたみ》の門の入り口に、漢字で記した木の看板が掲げてあったが、誰もそんな呼び方をする者はなく、普通にサンマーと云う名で通っていた。〔……〕私が入門した時に午後の初等科を受け持っていたのは一番若いアリスと云う娘で、生徒は三十人くらいであった。〔……〕そんなことでいやいやながらも、私はアリスが受け持っていた初等のクラスから一級上のクラスへ編入される迄は通っていた。(19)

谷崎はまた自分自身の文体について一九二九（昭和四）年の「現代口語文の欠点について」という文章で、次のように述べている。

これを要するにわれわれの書く口語体なるものは、名は創作でも実は飜訳の延長と認めていい。故有島武郎氏は小説を書く時しばしば最初に英文で書いて、然る後にそれを日本文に直したと聞いているが、われわれは皆、出来たらそのくらいなことをしかねなかったし、出来ない迄もその心組みで筆を執った者が多かったに違いない。それは努めて表現を清新にするための手段でもあったけれども、正直のところ、美しい文章、ひびきのいい文章、――と云うことよりも、先ず第一に西洋臭い文章を書くことがわれわれの願いであった。斯く云う私なぞ今から思うと何とも耻かしい次第であるが、可なり熱心にそう心がけた一人であって、有島氏のような器用な真似は出来なかったから、その反対に自分の文章が英語に訳し易いかどうかを始終考慮に入れて書いた。西洋人はこう云う云い廻しをするだろうか、西洋人が読んだらどう思うだろうか、と、それがいつも念頭にあった。[20]

もちろん、このあと、『源氏物語』の現代語訳によって文体を別の意味で彫琢することをしたとはいえ、十三歳のときからかもしれないし、あるいは他の要素が様々に介入してきて身に付いたものかもしれないが、多くのこと、すべてのことを言い、それを非常に律動的なセンテンスの流れの中で連綿と語るという資質が、谷崎の中の深いところでかなり早くから形成されていたと考えられる。

行間に思いを籠めるのではなく、すべてを言葉に出して表現するという、こうした谷崎の信条のお蔭で谷崎文学の英仏訳者たちは、谷崎が近代リアリズム小説の規範に従って行った完璧な現実の mimesis を「比較第三項」として追究し、その「方向的等価」を、目的言語である英語ないしフランス語で実現する、その作業が例えば次の川端作品に比べて幾分容易になったとはいえる。

11 『雪国』の文体の飛躍する論理と英仏訳

こうした谷崎の言葉の充足性とは、川端の場合は様子がかなり違っている。川端の一文一文に着目してその特徴を抽出してみよう。「国境の長いトンネルを抜けると雪国であった」とあるが、「抜けると雪国であった」というまさにその瞬間にこの文章全体の意味が収斂している。また「夜の底が白くなった」も、突然、夜の底が白くなったと島村に感じられる、その一瞬にすべてが集約されている。それに、「汽車が止まった」も一瞬にすべてが集中しているし、「冷気が流れこんだ」も突然何か新しいことが起こったことを叙述している。それぞれの瞬間瞬間にその文章のすべての他の要素が流れこむようにして成りたっている文章が川端の文章である。

川端文体の俳句との類似が一般読者レベルではよく人口に膾炙するが、こうした瞬間への凝縮もその一つの重要な要素である。芭蕉のあまりにも有名な「古池や蛙飛びこむ水の音」、あるいは、蕪村の「涼しさや鐘をはなるるかねの声」、さらに、近現代俳句でいえば、山口誓子の「夏草に汽罐車の車輪来て止る」が代表例として挙げられよう。

文意を理解し、行間に隠された意味を感じ取るためには感性を極度に研ぎ澄ます必要があるかのような文体だということがよく分かる。すべてを言葉にして表現する『細雪』と異なり、『雪国』の翻訳においては、原典テクストで省略された事柄を過不足なく補わなければならない。

『雪国』のフジモリ（あるいは Fujimori と Guerne）仏訳(5)とサイデンスティッカー英訳(4)の冒頭部分を見てみると、翻訳に際して、種々の語と種々の情報を付け加えたことが分かる。実線のアンダーラインがその付け加え部分である。これだけ英訳も仏訳も付け加えてある。

まず「国境の長いトンネルを抜けると雪国であった」という文章には主語がないから、仏訳(5)では、主語を明示しない機能のある不定代名詞 on を主語として補い、さらに状況の変化を強調する voici que という表現も付け加えている。英訳(4)では、主語がない点を The train という語を主語として付け加えることで補っている。The train を主語にしてしまうと、前述した話者の島村への視点の同一化が妨げられるので非常に不適切な訳になるが、これを意に介さずあえて付け加えている。

次の文章の「夜の底が白くなった」は、訳しようがないとみえて、仏訳(5)では L'horizon（地平線）という言葉と la ténèbre de la nuit（夜の闇）の la ténèbre（闇）という言葉をわざわざ付け加えている。それによって L'horizon avait blanchi sous la ténèbre de la nuit（夜の闇の下で地平線が白くなっていた）として、なんとか切り抜けている。ちなみに ténèbre という単語はごく稀に単数でも用いられるが、les ténèbres と複数形で使われるのが通例なので、ここは les ténèbres de la nuit とするのが適切であろう。英訳(4)では the earth lay white under the night sky（夜空の下で大地が白く横たわっていた）となっていて、the earth lay と sky を付け加えることでなんとか切り抜けている。

次の「信号所に汽車が止まった」というところだが、仏訳(5)では、le train ralentit et（スピードを緩め、そして）を付け加えて初めて「汽車が止まった」が導き出せる形になっている。その次の「向側の座席から娘が立って来て」の部分であるが、立って来たと言うためには、その前に、座っていたということをどうしても言わなければならない。そう英訳(4)の翻訳者も仏訳(5)の翻訳者も考えたと思われる。サイデンスティッカーも who had been sitting（それまで座っていた）という進行形過去完了の関係節をわざわざ付け加え、フジモリも qui se trouvait assise（そこに座っていた）というふうに半過去の関係節によって、それまでの状況の説明をわざわざ付け加えている。そのうえ、「向側の座席」（仏訳は de l'autre côté で、英訳は on the other side）にも、仏訳(5)は du couloir central（真ん中の通路の）という言葉を付け加えているし、英訳(4)も of the car（その車両の）という語を付け加えている。これには日本とヨーロッパの列車の構造の違いも背景としてある。日本の車両は通路が中央にあるが、（かつての）ヨーロッパの車両はコンパートメント構造なので通路は窓際にあった。

さらに、仏訳(5)では、「雪の冷気が流れこんだ」（Le froid de la neige s'engouffra）にわざわざ dans la voiture（車両の中に）という語を付け加えないと、文章として意味が出てこなくなっている。また、冴えわたった冷たい雪の空気に「駅長さあん、駅長さあん。」と、葉子の鋭い声が響きわたる非常に印象的な箇所がある。これは訳しえないとみえて、葉子の駅長を呼ぶ声は訳さないで、その代わり、日本語原文にない「呼びかける」（仏訳では appeler 英訳では call to）という動詞を付け加えて切り抜けている。このようにして見てくると、検証した英訳(4)においても、仏訳(5)においても、翻訳者はそれぞれ英語の要求する論理、フランス語の要求する論理に従って、能うかぎり原典テクストの意味を補足しつつ追究している。

以上をまとめると、「意味」の充足した『細雪』の翻訳と、「意味」の省略された『雪国』の翻訳とでは補足の必要性の度合いに違いがあるにしても、また、それぞれの英仏訳に出来不出来の違いがあるにしても、検証した『細雪』と『雪国』のすべての英仏訳で共通して実践されているのは次のようなことになる。

『細雪』と『雪国』は基本的には西欧近代リアリズム小説と同じ文体上の特徴を以て書かれているが、それはいわばレベルの同一性であって、内容が完全な対称的等価すなわち「自然的等価」を持つということではない。それどころか内容は日本の風土、習慣、そしてある種言語的・文化的伝統に強く規定されているし、英語、フランス語にも、日本と異なるその言語的・文化的背景があるのであって、自然現象のように万国共通ではない。このことに両作品の英仏訳すべては細心の注意を払っている。『細雪』と『雪国』の両作品が行った完璧な現実の mimesis を、原典言語の文化的背景を参照しつつ、コンテクストを考慮に入れて semantic unit 毎に忠実に辿り、この「比較第三項」を、英語、フランス語という目的言語の論理と文化的背景の中で十全な理解が得られるよう、目的言語で表現し直している。[21] いずれの英仏訳においても、一語一語の対応関係に依拠する逐語訳が排除されていることは指摘するまでもない。こうした英仏訳の方法がいかに日本の「英文和訳」や「仏文和訳」から懸け離れているか、明々白々と言わなければならない。英仏文学の「出版訳」において、我々が目指さなければならないのは、これら日本文学の英仏訳——むろん、そのうちでも、とりわけ優れたもの——が備えた方法の特質とクオリティーである。

第三章　準備段階でなすべきこと

1　対象作品のどのエディションを底本とするか

「原典テクストの「ゼロ度の比較第三項」に最も近い（「意味」を最大限追究した）方向的等価を目的言語において実現するのが翻訳である」と筆者は第一章で翻訳を定義付けた。そのうえで、第二章ではその定義の有効性を谷崎潤一郎『細雪』と川端康成『雪国』の英仏訳に探った。両作品の英仏訳のいずれもが——そして、そのうちの優れたものが特に著しく——こうした定義の内容を経験的に念頭に置きつつ翻訳を実践しているさまを観察できた。

それとともに、そうした英仏訳が、当然といえば当然だが、semantic unit の共時的な面のみならず、通時的な面、すなわち、テクスト内のコンテクストを充分に考慮に入れていたこと、さらには、テクスト外のコンテクストも徒《あだ》や疎かにはしていないことが見て取れた。その作品が書かれる以前の作品の総体と、その作品を書いた人間という、作品の二つの「先立つもの」précédents。テクスト内のコンテクストと動的に結びついた、作品の言語的・文化的背景。そうしたものがテクスト外のコンテクストとして重要なのであった。

さて、ある作品の「出版訳」を行おうとするときに、その準備段階で実際にクリアしておかなければならない具体的な事柄がある。それに話を移すとしよう。

まず、どのエディションを翻訳するか、すなわち、翻訳の底本をどのエディションにするかということである。この問題はかつてはあまり重要視されていなかった。極端な場合、どのエディションでも同じだろうという勝手な思いこみが罷り通っていた。ところが、ここ数十年のあいだに特にフランスでは、そもそもある作品のテクストとは何かという問題が文学研究の分野でことさら取りあげられるようになった。完成し出版された作品がどのようなプロセスで制作されたかを作家の自筆原稿、さらには、自筆の断片的草稿にまで遡って明らかにしようとする「生成研究」がその端緒を開いた。出版作品のテクストの前に存在する、断片的な草稿から始まるすべてのテクストをジャン・ベルマン＝ノエルが「前＝テクスト」avant-texte と命名したのはこのような文脈においてである。[1]こうして出版テクスト以前のテクストの諸段階が事細かに問題にされるにつれて、当然ながら、出版後のテクストについても注意が注がれることとなった。

　例えば、十九世紀前半のフランス人の平均寿命はなんと四十歳そこそこと、きわめて短命であったが、これは個々人の栄養状態と衛生状態に大きく左右された。我々が研究や読書の対象とする作家たちは総じて栄養状態、衛生状態ともにかなり良好で、一般に長命であった。筆者が専門とする十九世紀の詩人で作家のヴィクトル・ユゴーなどはなんと八十三歳という今日並みの天寿を全うした。そのようなユゴーは例外としても、多くの作家がある程度長い人生を生き、その間、ある作品を最初に出版してから加筆訂正する機会を何度も得た。基本的には、その作家が最後に綿密に手を入れたエディションを作品の決定稿とするのだが、そのように一筋縄ではいかないこともある。そこで、自分が翻訳しようとする作品について当該国での研究の動向を調べ、最新の研究ないしは作品の出版（特に校訂版）が決定稿と見なすエディションを、翻訳の底本として用いるのが今日では常識になっている。この点、要注意である。

出版社が、ある作品の翻訳を、その作品を書いた作家の著名な研究者に依頼する理由の一つがここにある。そうした研究者は自ら専門とする作家については当然、その研究の動向を常に把握しているからである。

2　翻訳技法伝承システムの崩壊

第二次大戦後、数十年の間は日本では大手出版社が軒並み「世界文学全集」を何種類も刊行し、読者もそれらを大いに読み、翻訳全盛が続いた。「世界文学全集」には欧米の名だたる作家が名を連ねるのが常だったので、ほとんど全員が優れた翻訳者でもあった欧米文学専門の大学教授には当時、注文が殺到し、現在の流行作家にも比べうる高収入をもたらした。そこで、そうした欧米文学研究者たちは相当の原稿料を払ってでも（あるいは、相当豪華な夕食をご馳走してでも）、助手や大学院生にいわゆる「下訳《したやく》」をさせる余裕があった。翻訳技法の修得には基礎に半年、応用に数年は掛かるものだが、こうした手間暇を掛けて助手や大学院生に技法を教え、そのあと、技法伝授の見返りに数年間、年季奉公のような形で「下訳」をさせる。そのような子弟間の暗黙の了解の上に「翻訳技法伝承」と「翻訳量産」のシステムが出来あがっていた。

ところが、一九七〇年代後半には翻訳文学ブームが去り、このシステムは経済的な基盤を失って、あっけなく崩壊した。助手や大学院生たち文学研究者の卵は翻訳技法修得の機会を持てなくなった。文学研究者が同時に文学の優れた翻訳者でもあるという状況が過去のものとなった。

ロシア文学者・亀山郁夫によるドストエフスキー『カラマーゾフの兄弟』が百万部を超える大ベストセラーになるなど、二十一世紀に入って翻訳ブーム再来の兆しが顕著である。しかしながら、一九七〇年代後半以降三十年以上も「翻訳技法伝承」が滞っていた影響は甚大である。大学教授イコール翻訳の名人というのは遠い過去の話で、今や出版社はその人の翻訳能力をよほど見極めてからでないと、大学教授に文学作品の翻訳を依頼できなくなっている。作家研究の専門家にではなく、翻訳家あるいは翻訳技法を独修した一部の文学研究者、果ては詩人や小説家といった日本語のプロフェッショナルに（当該外国語および外国文学に習熟した若手の研究者を、助手として出版社が斡旋することもあるようだが）翻訳を依頼するようにもなっている。

サン＝テグジュペリ『星の王子さま』の邦訳についてはさらに事情が込みいっている。死後（行方不明後）五十年に戦時加算の十年が加わって、没年の一九四四年から六十年経過した二〇〇四年の年末で原典が「版権切れ」となった。これに伴い、日本での「翻訳独占権」も消滅して、二〇〇五年から『星の王子さま』の新訳が雨後の筍のように合計二十種類近くも刊行された。『星の王子さま』新訳ブームなどとジャーナリズムも騒然となったわけである。

『星の王子さま』はそれまでも大学のフランス語授業で「読本」すなわち「講読」用の教科書として実に多く採用されてきていた。その関係で、多くのフランス語教育担当の大学教授にとっては、勝手知ったる「うちの庭」とか「隣の庭」といった作品であった。必ずしもサン＝テグジュペリの専門家でない大学教授が我も我もと新訳刊行に名乗りを上げる仕儀となった。『星の王子さま』新訳の中に、倉橋由美子や池澤夏樹といった「日本語のプロフェッショナル」の邦訳に混じって、「出版訳」からは程遠い「講読訳」そのものといった、あまりにも読みづらい翻訳が散見される所以である。そもそも、『星の王子さま』をたかが「子どもの本」と侮る向きがあるが、「続出誤訳のケーススタディと翻訳者のメチエ」と副題の付いた、加藤晴久『憂い顔の『星の王子さま』』（書肆心水、二〇〇七）で二百ページ以上に亘って内藤濯の「旧訳」と新訳の「誤訳」と「不適切訳」が指摘されるほど、この作品の読解は細心の注意を要するのである。

3 『星の王子さま』と『エルナニ』の底本

翻訳の底本として選択するエディションに話を戻そう。サン゠テグジュペリの『星の王子さま』については幸か不幸か、こうした底本とすべきエディションの問題は起こらない。それというのも、『星の王子さま』出版の一九四三年三月ないし四月（正式の記録上は四月六日）から一年四ヶ月後の一九四四年七月末に作者のサン゠テグジュペリは亡くなり（正式には、第二次世界大戦中、偵察飛行に飛びたったまま行方不明）、しかも、出版から死亡までの間に彼は、偵察飛行部隊復帰のための運動と復帰後の偵察飛行従事のために多忙を極め、作品の改稿をする時間的余裕をまったくと言ってよいほど持たなかったからである。

『星の王子さま』の初版は一九四三年に亡命先のニューヨークで仏語版と英語版の両方がほぼ同時に出版された。サン゠テグジュペリは英語をほとんど解さなかったので、この英語版はオリジナルの仏語版を現地の翻訳者が単に翻訳したもので、作者による校閲は行われていない。一九四六年にフランスのガリマール社によってフランスにおける最初の出版がなされるが、このエディションはニューヨークの仏語版初版の誤植等、明白な誤記を訂正し、再録したものにすぎなかった。そんなわけで、その後のすべての出版テクストはニューヨークの仏語版初版（の明白な誤記を訂正したもの）に限られる。ニューヨークの仏語版初版のミスの訂正が最も行き届いていると考えられる Antoine de Saint-Exupéry, *Œuvres Complètes II*, Édition publiée sous la direction de Michel Autrand et de Michel Quesnel, Gallimard (Bibliothèque de la Pléiade), 1999 収載の *Le Petit Prince* を翻訳の底本に用いるのがベストであるが、他の出版でも大同小異である。

読者もご存じのとおり、『星の王子さま』には作者サン゠テグジュペリ自身の手になる四十七葉の珠玉の挿絵が、テクストと密接に関係づけられながら配置されている。一九四六年刊のフランス・ガリマール社版はテクストこそニューヨークの仏語版初版の再録だが、挿絵については、所在不明の原画（その後、最近までに、数点がオークション等に登場している）に依拠できない関係もあって、このニューヨークの仏語版（ないし英語版）初版を――トレーシング・ペーパーで輪郭をトレースしたのちに、粗い彩色を施すなど――きわめて粗雑に複製したものであった。このフランス・ガリマール社版の粗雑な挿絵が、一九九九年になって新版が同社から出るまでは、ほぼ二十世紀の間中、日本語訳を含めて一般に流布しつづけた。上記の Antoine de Saint-Exupéry, *Œuvres Complètes II* 収載 *Le Petit Prince* の挿絵をはじめ、一九九九年以降の新版の挿絵はすべて、ニューヨークの仏語版（ないし英語版）初版の微妙で精緻な色合いを忠実に再現したものとなっている。ちなみに、新旧の版の挿絵の違いは一目瞭然である。例えば、第XIII章の実業家の星で、実業家が向かって執務する机の淡い色合い、第XXVI章の飛行士がヘビを追い払う場面で、王子さまが腰掛けている石塀の淡い色合いなどによって、新旧を容易に見分けることができる（新版『星の王子さま』「緒言」参照、単行本および文庫本、ガリマール、一九九九）。

事ほど左様に『星の王子さま』のテクスト本体についてはエディションの問題は起こらないのであるが、これはどちらかといえば、稀なケースといわなければならない。『星の王子さま』の次に筆者が翻訳・刊行したのはヴィクトル・ユゴーの代表的戯曲『エルナニ』（二〇〇九年、岩波文庫）だが、この『エルナニ』についてはエディションの問題は実に大きかった。先述のように作者のユゴーが長命であったこともあるが、何よりもこの作品が戯曲であり、当時、戯曲といえば検閲が介入しやすく、また、リハーサルや上演時に、発言権の強い主役級の舞台俳優たちの意見などで変更されやすかったからである。

ユゴー生前の『エルナニ』の主たるエディションとして、一八三〇年の Mame 版（初版）、一八三六年の Renduel 版、一八四一年の Furne 版がある。これらに加えて、死後、ユゴーの遺言執行者たちが編集を担当した一九一二年の Imprimerie nationale 版が、現行諸エディションの基礎となっている。Mame 版（初版）は検閲によって改変された初演ヴァージョン。Renduel 版は、『エルナニ』「序文」末の「原典編集者の注」に記載のとおり、主に検閲によって変更・削除された初版テクストをもとに戻した版（下記 Gohin 編 *Hernani*「書誌」）。一八三〇年の初演、一八三八年の再演、そして、それらに続く一連の上演の際に主役級の俳優の意見などによって細部の変更があり、Furne 版は、こうしたテクストの変更のあとを受けて、ユゴー自身が丁寧に見直し、手を入れたうえで出版した、作者にとっての、いわば決定版であった。

これらの版のうちで、かつてフランスで出版に際してもっぱら使われたのは Imprimerie nationale 版であった。そこで、Jean Massin 編『ユゴー全集』*Œuvres Complètes de Victor Hugo*, Le Club Français du Livre, 1967-1970, 18 vol., t. III, 1967 収載の *Hernani* も、『ユゴー演劇全集』Victor Hugo, *Théâtre Complet*, Gallimard, Bibliothèque de la Pléiade, t. I, 1963 収載の *Hernani* も Imprimerie nationale 版に依拠していた。そのために、杉山正樹氏の『エルナニ』邦訳（中公文庫、一九七八、『ヴィクトル・ユゴー文学館』第十巻、潮出版社、二〇〇一再録）では Jean Massin 編『ユゴー全集』第三巻収載の *Hernani*、つまり、Imprimerie nationale 版が底本とされた。

その後、フランスでは、テクストの校訂が最も厳密なエディションとされる最新刊のユゴー全集、Jacques Seebacher 編『ユゴー全集』*Œuvres Complètes de Victor Hugo*, Robert Laffont, 1985-2002, 15 vol. 収録 Théâtre, t. I, (1985) : *Hernani* でも、著名なユゴー研究者 Yves Gohin 編の *Hernani*, Gallimard, Folio/Théâtre, 1995 でも Furne 版が再録され、Furne 版がユゴー研究者の主たる参照テクストとなった。このような流れを受けて、拙訳『エルナニ』では、Seebacher 編『ユゴー全集』収載の *Hernani*、すなわち、Furne 版を底本とした。それに加えて、ユゴー自筆原稿 *Hernani*（コメディー＝フランセーズ所蔵、整理番号 645）写真複製版（Anne Ubersfeld, Arnaud

Laster, Florence Naugrette 編、Maisonneuve et Larose, 2002）を参照した。*Hernani* 翻訳に当たって、テクストに異同がある場合、重要なものについては注記したが、その際、ユゴー自筆原稿写真複製版により確認した。この自筆原稿には、一八二九年の原稿執筆から一八四一年の Furne 版、そしてそれ以降の加筆訂正までがかなり克明に記載されたまま残されていたからである。

4　作品理解と翻訳の大枠の設定

底本とするエディションが決まったら、次はむろん、そのテクストを幾度となく精読する必要がある。そのとき、韻文か散文か、詩か小説か戯曲か随筆か紀行文かなどの作品のジャンル、物語の進行、登場人物の設定をはじめとする作品世界、文体の特質など、様々な事柄に対する目配りを要することはいうまでもない。

こうした作品についての理解は深ければ深いほどよいわけで、そこに出版社が、翻訳対象作品を専門的に研究している研究者にその作品の「出版訳」を依頼するメリットがある。そんなわけで、『星の王子さま』（平凡社ライブラリー、二〇〇六）の翻訳を平凡社編集部の担当の方が筆者に依頼してこられたのであり、併せて、同じ編集部の方から『星の王子さま』の本格的な作品論の執筆・出版も依頼された。後者は『「星の王子さま」物語』と題し、平凡社新書の一冊として『星の王子さま』から少し遅れて、『星の王子さま』第六刷の出版とほぼ同じ二〇一一年春に上梓された。

通常、翻訳対象作品の精読と並行して（むろん、精読がすでに充分に行われている場合は精読の後）、出版社の編集担当者と出版の条件について詰める作業を行う。出版の条件と言っても、何も発行部数とか印税とかではない（これらについては出版の間際まで明確にならないこともあり、出版社を信頼して、出版社に任せることが多い）。シリーズものの一冊などの出版の形態、印刷と造本の形式、想定読者層などから困ってくる、原稿の形式上の制約である。拙訳『星の王子さま』に関して言えば、「平凡社ライブラリー」の一冊として刊行されること、それにより、このシリーズの特徴として縦書きの印刷にすること、想定読者層を小学校高学年と一応すること、想定読者層のこともあり、注は一切付さないことなどが決定された。

想定読者層に関して付言すれば、この決定により翻訳文中のルビは、小学校五年生の水準を超える漢字に編集担当の方が、パソコンのソフトを使って、原稿に振ってくださった。また、「想定読者層を小学校高学年と一応する」というように「一応」としたことについては、この作品には小学校高学年には難解すぎる内容と語彙が散見されることによる。そのために、『星の王子さま』は子どもの本か、おとなの本か」などという議論が生じ、二〇〇五年以降の「新訳」のうちには「おとなの本」という前提に立って翻訳したものもある。

この点についての筆者の見解は、「子どもの世界」「子どもの論理」という（現実の子どものものではなく、その）「理念型」を「おとなの世界」「おとなの論理」すなわち現実世界の批判のためにサン＝テグジュペリは用い、「子どもの本」という体裁をそのような戦略に基づいて採用したということである。詳しくは、拙著『「星の王子さま」物語』の第二章第八節「「子ども」という理念型――子どもの本か、おとなの本か」、第六章第一節「作品のキーセンテンス」、第八章第一節「レオン・ヴェルトへの献辞」、第九章第三節「王子さまの役割」第四節「心で見るトレーニング」第五節「作品のエンディング」をお読みいただきたい。

「おとなの本」と割り切ることで実は翻訳が格段に容易になることはあまり知られていない。「おとなの本」には使いうる語彙、日本語表現にまったく制限がないのに対して、「子どもの本」には子どもの年齢すなわち学年に応じて厳密な制限がある。小学校の各学年で学習する漢字（語彙）が学習指導要領の「学年別漢字配当表」で決まっており、この範囲内でしか訳語を選べないし、訳文も相応の難易度にしなければならない。さながらフランス十七世紀古典悲劇のような困難な作業となる。ギリシア・ローマの古典文学によって確立した普遍的な美以外には美は存在せず、それを表す数千語の言葉しかフランス十七世紀古典悲劇には用いることが許されないのであった。「小学校高学年」はまだしも「小学校低学年」になると、特殊な習練を一定の年限積まなければ、とても翻訳はできないとのことである。児童書を多く出版する出版社はこのような使用可能語彙のデータベースを備えており、これから逸脱した語彙はたちどころに摘出される仕組みという。児童書翻訳、侮りがたしである。

ほかに翻訳の大枠として事前に考えておかなければならないのは、翻訳文の文体である。一見、最も単純なのは、「です」「ます」調か「だ」「である」調かの選択である。*Le Petit Prince* は戦略的に「子どもの本」の体裁を採っているとする筆者は、児童書の常套的な体裁である「です」「ます」調を拙訳『星の王子さま』全編で採用した。

内藤濯訳および『星の王子さま』新訳二十種類弱のうち、概ね、この作品を「子どもの本」とする翻訳者は「です」「ます」調を、「おとなの本」とする翻訳者は「だ」「である」調を採用している。内藤濯訳は物語の本文は「です」「ます」調で、冒頭の「レオン・ヴェルトへの献辞」のみは「だ」「である」調で処理している。それはこの部分がある種、読者一般へのメッセージであるかのような体裁を採るべきであると内藤が判断したからであろう。だが、拙著『「星の王子さま」物語』の第八章第一節「レオン・ヴェルトへの献辞」、第九章第五節「作品のエンディング」に記したこの作品の特質、とりわけ、物語最終章のあとに付された「これはぼくにはこの世でいちばん美しく、いちばん悲しい風景です」に始まる、物語の話者から読者である「子どもたち」へのメッセージ（内藤訳ではここは「です」「ます」調になっている）と対になって、物語の枠を形作っていることからして、一考を要する判断といわなければならない。

文体の選択については、よく編集者が口にする「硬い文体」「柔らかい文体」というものも考慮する必要がある。「硬い」論文調の書き言葉と「柔らかい」話し言葉という両極端の間で、かなりフレキシブルに変わりうるのが文体の「硬い」「柔らかい」である。「硬い文体」では漢語、したがって漢字が多く、「柔らかい文体」では和語、したがって平仮名が多く使用される。「硬い文体」では、西欧語文で多用される複文がある程度許容され、「柔らかい文体」では日本語として自然で分かりやすい重文、単文がもっぱら用いられる。翻訳の対象のジャンルや文体の特徴に従って、ちょうどよい「硬さ」「柔らかさ」を的確に選ばなければならない。『星の王子さま』の場合は子どもに語って聞かせうる程度の「柔らかい文体」ということになる。

5　登場人物の人間像、人称表現

物語、小説、戯曲、随筆、紀行文などにおいては架空ないし実在の人物が登場する。これら登場人物の特質、すなわち、性別、年齢、国籍、出自、教育程度・階層・職業などの社会的状況、そして、何よりも性格を事細かに把握し、人物像をしっかり頭の中に描いておかなければならない。登場人物が話す言葉、会話表現はその人物像を彷彿とさせる、的確なものであり、物語中で首尾一貫している必要がある。このあたりは、自分で最初から小説や戯曲を創作するのと同じである。

登場人物が自分で自分をどう呼ぶか、つまり、一人称は「僕」「ぼく」「俺」「おれ」「私」「わたし」「わたくし」「わたしめ」「わたくしめ」「わし」「自分」「てまえ」、時代がかった言い方では「予《よ》」「余《よ》」「それがし」「拙者」、皇帝や王は「朕」など豊富な日本語表現から適切に選択する。二人称についても日本語は「君」「きみ」「あなた」「あなたさま」「貴方」「貴女」「貴様」「あんた」「おまえ」「おまえさん」、時代がかった言い方では「貴殿」「貴公」など表現が豊富である。それに、会話では二人称の代わりに人名の敬称「＊＊さんは」「＊＊君は」などで対話者を指すことで、本来は三人称の表現を二人称として用いることも多い。

『星の王子さま』は登場人物の配置がどちらかといえば単純である。話者である飛行士と王子さまは、初対面の王子さまの言葉を除いて、フランス語で家族や友だち同士といった親しい間柄で使う二人称 tu で会話するので、お互いに自分のことを「ぼく」、相手のことを「君」と拙訳では呼ばせている。フランス語では、複数二人称主語代名詞 vous を単数二人称主語代名詞としてもよく用いる。本来の単数二人称主語代名詞 tu とこうした vous との使い分けは次のとおりである。すなわち、vous が社会的に独立した一個の存在と相手を見なして（いわば公式に）相手と向きあう態度表明であるのに対して、tu はそのような社会的な枠組みを取り払った人間関係を表明する言い方である。二人称 tu は家族や友だち同士といった親しい間柄で使うと述べたのはそうした意味である。vous にはもちろん本来の複数二人称主語代名詞としての用法もある。そこで、vous が出てきたときには、丁寧な単数二人称主語代名詞 vous「あなた」およびその複数「あなたがた」だけでなく、親しい間柄の tu の複数「君たち」とか「おまえたち」の場合もありうることは念頭に置くのがよい。

作品によっては貴族が登場するので付言すれば、爵位を持った昔からの貴族の家庭では現在でも、家族同士でお互いに vous を用い、召使いに対しては tu を使う（召使いのほうではご主人様とその家族に対しては vous を使う）。ルイ十四世の流れを汲む貴族の家庭に筆者は若い頃三ヶ月ほどホームステイしたことがあるが、この一家はまさにこのようにお互いに vous で話をしていた。老夫婦の子どもたち全員の結婚相手もすべて貴族という徹底ぶりであり、その夫婦間の会話もすべて vous で行われていた。

貴族以外の家庭では、相手がおとなであっても親に対して子どもは tu を使うが、家族以外のおとなに対しては子どもは、社会的に独立した一個の存在と見なして相手と向きあう態度を取り、通常 vous を用いる。飛行士との初対面の場面（『星の王子さま』第Ⅱ章）で王子さまが、おとなである飛行士に S'il vous plaît... 「すみません……」（この vous は主語人称代名詞と同形の間接目的補語だが）と vous を使って声をかける所以である。そして、「...」が表す沈黙があった後に、tu に相当する命令法を使って（つまり vous から tu に切りかえて）dessine-moi un mouton !「ヒツジの絵、かいてよ」と言っている。王子さまは直観で、飛行士が自分と同じ種類の人間、友だちになれる人間と即座に見抜いたからである。これ以降、王子さまと飛行士の間では tu が恒常的に用いられる。

以下順次、拙訳での一人称と二人称の訳語の選択を列挙する。二人称については、概ねフランス語の vous と tu の使い分けを尊重しつつ、各々の登場人物の人間像と王子さまとの関係・立場の違いなどを考慮して呼び方を決めている。

王子さまの星にどこからともなく種が飛んできて、ある日突然芽吹いたかと思うと、バラの花が開く。お高くとまって、わがままで王子さまを散々てこずらせるバラの花には、その上品ぶった態度が表れるように、自分のことを「わたくし」、相手の王子さまのことを（フランス語原文の vous もふまえて）「あなた」と言わせている。王子さまにもバラに対して（フランス語原文の vous もふまえて）「あなた」と言わせるようにしている。貴族同士の会話のような雰囲気が幾分醸し出

されることにもなったはずである。王子さまとバラとの関係には、実生活でのサン＝テグジュペリと妻のコンスエロの関係が反映している。このことは誰しも気づくところであり、また、多くの伝記作家が指摘するところである。拙著『「星の王子さま」物語』第二章第一節「二十世紀とともに生まれ、生きる」と第二節「「近代」における貴族」でも詳述したが、[2] サン＝テグジュペリは伯爵の爵位を持つ貴族であった。そして、その書簡、生活の記録、コンスエロの『バラの回想』[3]などを読めば明らかだが、夫婦は tu で会話することも稀にはあったが、多くは vous で会話していた。王子さまとバラの間の vous にはそれが現れているとも考えられるのである。

やがてバラの花を残して、王子さまは自分の星を離れる。地球にやってくる途中、六つの惑星を経巡り、六人の惑星の住人に出会う。第一の惑星で出会う王様には自分のことを「予（よ）」、相手の王子さまのことを（フランス語原文の tu もふまえて）「おまえ」と呼ばせ、王子さまには王様のことを、（フランス語原文の vous、特に二人称の代わりの、王に対する三人称表現 votre majesté もふまえて）二人称の代わりに三人称を使って「陛下」と呼ばせている。第二の惑星のうぬぼれ屋と第四の惑星の実業家には自分のことを「わたし」、王子さまのことを（フランス語原文の tu もふまえて）「君」と呼ばせ、王子さまにはうぬぼれ屋と実業家のことを（フランス語原文は tu であるが、むしろ、王子さまとの社会的な距離を日本語表現としては優先させて）「あなた」と呼ばせている。第三の惑星の酒飲みについては翻訳では、酒飲み本人も王子さまも自分のことにも、相手のことにも主語を省いている（フランス語原文では、酒飲みは二人

称を一切使わず、王子さまは酒飲みに対して tu を使っているが）。第五の惑星の点灯夫には自分のことを「おれ」、王子さまのことを「あんた」と呼ばせ（正確にはフランス語原文の複数一人称 nous を「あんたとおれ」と訳したのだが）、王子さまには点灯夫のことを（フランス語原文は tu であるが、うぬぼれ屋と実業家の場合同様、日本語表現の社会的な距離を優先させて）「あなた」と呼ばせている。第六の惑星の地理学者には（ある程度高齢であることから）自分のことを「わし」、王子さまのことを（フランス語原文の tu もふまえて）「おまえ」と呼ばせ、王子さまには地理学者のことを（フランス語原文の vous もふまえて）「あなた」と呼ばせている。

王子さまは地球に来て、ヘビに出会う。ヘビには自分のことを「おれ」、王子さまのことを（フランス語原文の tu もふまえて）「おまえ」と呼ばせ、王子さまにはヘビのことを（フランス語原文の tu もふまえて）「君」と呼ばせている。そのあと出会うキツネについては、キツネには自分のことを「ぼく」、王子さまのことを（フランス語原文の tu もふまえて）「君」と呼ばせ、王子さまにはキツネのことを（フランス語原文の tu もふまえて）「君」と呼ばせている。

6　主語人称代名詞の翻訳の留意点

主語人称代名詞の翻訳において特に注意すべきは、すでに一九三四（昭和九）年刊行の『文章読本』で谷崎潤一郎が言っているように、西欧語の文法を日本語に当てはめた表面的な「日本語文法」に捕らわれないということである。

〔今日学校で教えている国文法において〕たとえば主格のないセンテンスは誤りであると教えておりますのは、そう定めた方が教え易く、覚え易いからでありまして、実際には一向その規則が行われていない。又、今日の人の書く文章には「彼は」「私は」「彼等の」「彼女等の」等の人称代名詞が頻繁に用いられておりますけれども、その使い方が欧文のように必然的でない。欧文では、使うべき時には必ず使ってありますので、勝手にそれを省く訳には行かないのでありますが、日本文では、同じ人の書いた同じ文章の中でも、使われたり略されたりしていまして、合理的でない。それと云うのが、もともとそう云うものを必要としない構造なのでありますから、気紛れに使ってみることはありましても、長続きがしないのであります。(4)

主語人称代名詞をできるだけ省くなどして「国文の持つ簡素な形式に還元するように心がける」（同書五五頁）のが望ましいのは翻訳の場合も同じである。柳父章が『翻訳語成立事情』で力説するように、日本語には西欧語の三人称代名詞に相当する文法装置はないのであるから、(5)とりわけ、三人称の「彼は」「彼女は」「彼らは」「彼女たちは」等は必要最小限に留め、登場人物の名前そのものを用いる、「その人」「あの人」などの表現に換える、省略するなどの工夫をするべきである。「彼は」「彼女は」調の翻訳臭い文章が一部に好まれたのも、もはや遠い昔の話である。

特にフランス語では、物や抽象概念を表す名詞を、人を表す名詞と同じ主語人称代名詞で受ける。三人称主語代名詞や指示代名詞が西欧語と異なる日本語で、これを「これは」「それは」「あれは」「これらは」「それらは」「あれらは」と訳すと前出のどの名詞を指すのかほとんど分からなくなってしまう。こうした問題を解決する、簡単できわめて有効な方法がある。それは、「こうした＊＊は」「そうした＊＊は」「このような＊＊は」「そのような＊＊は」「この＊＊は」「その＊＊は」と「＊＊」部分に前出の名詞をそのまま入れて表現することである（今まさにこの文章を書いていて用いた表現を例に挙げれば、「こうした問題」のあとに助詞の「は」を付けるなど）。特に複数を明示する必要がある場合には、「これらの＊＊は」「それらの＊＊は」とすればよい。この処理方法は覚えておくと甚だ便利である。このような処理方法はむろん、主語としてのみならず、助詞の「を」を補って直接目的補語人称代名詞（英語で言えば、直接目的語）、助詞の「に」を補って間接目的補語人称代名詞（英語で言えば、間接目的語）、さらに広い範囲で（例えば所有形容詞の代わりに「こうした問題の」などと）用いうる。

フランス語文では人名などの主語名詞を代名詞で置き換えるだけでなく、例えば、主人公を notre héros「われらが主人公」など他の名詞で置き換えることをよく行う。これらは――『翻訳仏文法』で鷲見洋一も翻訳者が「意味を補う介入」をすべきであると述べるように[6]――元の主人公名などに戻して統一を与え、同じ人物が問題になっていることが即座に分かるようにするのがよい。

要は、日本語として自然な文章表現を実現することである。フランス語原典は、限られた例外を除くと、自然なフランス語文、フランス語としての名文で書かれている。フランスの文学者のほとんどすべてが幼少期から古典的名文を頭脳に染みこませていることは先述のとおりである。こうした原典の自然なフランス語文と対応する——その「方向的等価」となる——翻訳の日本語文が自然な日本語文、日本語としての名文であることは論を俟たない。西欧語臭さを残した、いわゆる翻訳調の訳文は原典からは遠い。原典にはいかなる外国語臭さも微塵もないからである。「いわゆる翻訳調を逃げきれない」(7)「翻訳臭が強くなる」(8)「日本語としてこなれていない」(9)などいう表現で鷲見もこれを戒めている。

翻訳者たるもの、間違っても個性を出そうなどと気負ってはならない。翻訳者の美徳はもとより無私の精神である。

7 人名・地名のカタカナ表記

人名、地名などの固有名詞のカタカナ表記について述べておこう。翻訳の際の処理の基本は、人名であればその人物が国籍を持つ、地名であればその土地がある、国あるいは地域の言語での発音をカタカナで表記するというものである。ただし、フランス語や英語には、子音二つに母音一つで一音節を形成する場合が多くあるが、日本語ではあくまでも子音一つと母音一つないし母音単独で一音節を成すなど、西欧語と日本語では音韻体系がまったく異なる。また、個々の母音や子音の発音も著しく異なる。したがって、西欧語の発音をカタカナで表記することは最初から不可能であり、近似の発音の表記にならざるをえない。近似をどう捉えるかからして問題だが、これは西欧語カタカナ表記のこれまでの前例あるいは習慣によるしかない。

日本で多く人口に膾炙してきた外国人名・地名については、一般に流布したカタカナ表記を用いる。そうでないと、世に知られたのと同じ人名・地名であることが分からなくなってしまうからである。歴史上の人物、歴史上しばしば言及される土地については代表的な世界史教科書・参考書にあるカタカナ表記を用いるのが汎用性が高い。筆者は山川出版社刊の『フランス史』[10]など各国史のカタカナ表記を用い、その旨、巻頭の「凡例」ないし巻末の「あとがき」に明記することにしている。フランス文学史に登場する人名のカタカナ表記については、一九七〇年代に日本フランス語フランス文学会が総力をあげて編纂したとされる『フランス文学辞典』[11]に依拠するのが一般的である。登場人物名などのカタカナ表記もこうした前例ないし習慣に――同じファーストネームやファミリー・ネームがあるものは――準ずるのが賢明である。

本書で最も頻出する人名を例に取れば、Antoine de Saint-Exupéry は一般にアントワーヌ・

ド・サン＝テグジュペリと表記されるが、貴族の苗字には付き物の、この de は習慣によって「ド」とカタカナ表記される。「ドゥ」のほうがフランス語の発音にいくらか近いはずだが、そうならないのは偏に西欧語カタカナ表記の習慣によるのであって、（フランス語を正確にカタカナ表記するのはもとより不可能なのだから）これを批判する意味はない。「アントワーヌ」の音引き「ー」も、姓まで含めて一気に発音するときにはこの部分に強勢はなく、長音にならないので正確ではないのだが、習慣でそうなっているので受けいれるのが得策となる。事ほど左様に、西欧語固有名詞のカタカナ表記に限っては残念ながら、長いものに巻かれるに如くはないのである。

では、前例ないし習慣にない固有名詞についてはどうするかだが、フランス語の綴り字と発音の関係はかなり明確なので、多くの場合、綴り字を発音することは容易である。その発音にできるだけ近いカタカナを当てることになる。ただ一筋縄ではいかない固有名詞もある。そのような固有名詞はフランス語固有名詞発音辞典で調べる必要がある。少々古いが筆者が愛用しているのは Léon Warnant, *Dictionnaire de la prononciation française*, tome II, *Noms propres*, Editions J. Duculot, S. A. Gembloux, 1966 である。図書館ではかなり容易に手にすることができ、なかなか便利である。

第四章　翻訳技法を詳解する

1 「コンソメ文化」と「刺身文化」の違い

原典言語と翻訳の目的言語（特に西欧語と日本語など）の間には著しい文化的・言語的差異がある。翻訳においてはこの差異にどれほど注意しても注意しすぎることはない。第二章で『細雪』と『雪国』の英仏訳を分析した際に、各々の英仏訳者がいかにこの点に神経を研ぎ澄ましていたかは具《つぶさ》に見たとおりである。

ここでは文化的差異から困ってくる、フランス語と日本語の違いを詳述してみよう。フランス語原典を理解するにはフランス語の特質が、原典の「方向的等価」を日本語で実現するためには日本語の特質が、それぞれきわめて重要だからである。

まず、フランス語の特質を一言で言えば、フランス語は、世界表象の明確な主体である話者が世界を自分なりに捉え、自分が世界をどう捉えているかを常に明示するように出来た言語である。時制操作における「語りの現在」は話者が叙述内容を捉え、発話行為を行っている地点であり、そこを基点として話者が叙述内容をすべて時間の中に位置づけるために、フランス語の複雑な過去形と未来形がある。フランス語には明確な mode「法」があるが、それは話者が叙述内容をどう捉えているかを表現するための装置である。indicatif「直説法」は話者が叙述内容を事実として捉えていることを、impératif「命令法」は話者が叙述内容を実現要求の対象としていることを、

conditionnel「条件法」は話者が叙述内容を（仮定の上での）非現実として捉えていることを、subjonctif「接続法」は話者が叙述内容の捉え方を自らは示さないことを、それぞれ表す。

世界表象の主体である話者が世界を自分なりに捉えるということは、現実の具体的な事象を帰納法的に自分の頭で抽象化するということである。そのためにフランス語では名詞が主体の構文となる。また、複数の類似の事柄から共通項を取りだし、その共通項を表すただ一つの単語で複数の事柄を表す。日常会話に必要な語彙数は英語で五千語くらいだと言われ、日本語では七千語くらいだと言われる。それが、同じことを言うのにフランス語では三千語くらいで足りるとされる。

例えば、「（子どもや学生が）勉強をする」にも、「（おとなが）仕事をする」にも、同じ動詞travaillerが使われ、「（居場所の分からない人を）探す」にも、「（駅や空港に出向いて、つまり居場所の分かっている人を）迎える」にも、同じ動詞chercherが使われる。何かを身に付ける場合、日本語ではおそらく主としてどの方向から身に付けるかによって違う動詞を使う。上から下に向かって、例えば、帽子は「被る」である。下から上に向かって、例えば、ズボンを「穿く」、靴下を「穿く」（ないし、「履物」と同じ扱いの場合は「履く」）である。上下の方向性がない場合が、例えば、背広や着物を「着る」である。さらに、狭いところに押しこむ場合は、例えば、手袋を「はめる」である。一部を固定してつり下げる場合は、例えば、眼鏡を「かける」である。このような身に付ける動作にはフランス語では、すべて同じ動詞 mettre を使う。身に付けている状態を言うときにはすべてに動詞 porter を使う[1](ちなみに、英語にも同様の区別があり、前者には put on を使い、後者には wear を使う)。

フランス語と日本語のこうした違いを翻訳においては常に意識する必要がある。例えば、Il porte des lunettes(He wears glasses)を——動詞 porter(wear)「着ている」「身に付けている」を杓子定規に訳して——「彼は眼鏡を着ている」ないし「彼は眼鏡を身に付けている」と訳したのでは不適切である。「彼は眼鏡をかけている」と訳さなければならない。特に使用範囲のきわめて広い(汎用性の高い)動詞「高汎用性動詞」avoir「持つ」、être「ある」、faire「する」、donner「与える」、mettre「置く」、tenir「維持する」、dire「言う」などは杓子定規に訳すことなく、文脈に即した的確な日本語をその都度探して使用しなければならない。

フランス語では、話者が外界を自分の頭で理解し、自分が理解した事柄として表現するのだから、他者の言葉を表現する際にも直接話法よりも間接話法を好んで用いる。

このように現実を抽象化し、そのエッセンスを取り出そうとするフランスの文化的・言語的特質を筆者は「コンソメ文化」と呼んでいる。コンソメというと、すぐに我々の頭に浮かぶのはおそらく、一辺約一センチの茶色い立方体をお湯の中に入れて作る茶色い透明な液体だろう。だが、これはインスタント食品に加工された西洋料理用の出汁《だし》、ブイヨンにすぎない。このブイヨンにさらに肉や野菜を加えてコクを出したものを日本ではコンソメと呼ぶ。肉や野菜が入ったままの、人参と玉葱のコンソメ、キャベツのコンソメ、トマトのコンソメなどというものまである始末で、スープの透明度についても最初からほとんど問題にされない。

これに対して、フランス料理のコンソメはあくまでも透明な琥珀色の液体である。調理法も日本とはまったく異なり、当然ながら、本格的である。つまり、肉と骨と香味野菜でまずブイヨンを作る。そのブイヨンの中で野菜や肉など様々な食材を時間をかけて煮込み、材料の旨味のエッセンスを取り出す。卵白を加えて、ある程度固まった食材の真ん中に puits「井戸」と称する液体のみの部分が生じる。そこから液体をオタマで掬いだし、濾し器にかける。この透明化の段階を特に clarification と称し、透きとおっている（clair）ことが絶対条件となる。こうして材料がまったく分からなくなった抽象的な琥珀色の透明な液体——材料のエッセンスのみ——をスープ皿によそい、食卓に供するのである。これがフランス料理のコンソメ consommé である。

consommé という語はむろん動詞 consommer の過去分詞が名詞になったものである。consumere「消費する」（consumer の語源）と混同されたことにより、今日「消費する」という意味でも使われるが、consommer はもともと somme「総和」の語源 summa に「完結」の意味の接頭辞 co- が付いたラテン語動詞 consummare「完遂する」から由ってきている。その過去分詞 consommé には「完遂した」「極限まで進んだ」という意味がある。いうなれば、コンソメ・スープの本質は、材料のエッセンスの取り出しが「極限まで進んだ」、抽象化の極地ということにある。

このように現実の純化、抽象化を目指す「コンソメ文化」に対して、物事を現実にできるかぎり近いところで捉えようとする日本文化を筆者は、材料に熱処理などの加工をせず、材料の持ち味を最大限に活かすという意味で「刺身文化」と呼んでいる。

東京に住んでいた学生の頃、たまたま筆者を訪ねてきたフランス人を伊豆半島の漁村に連れていったことがある。地元の漁師さんが営む海辺の料理店で昼食ということになった。まずいっしょに浜辺の生け簀へ出向き、食卓に供する魚を選んだ。「あれがいい、これがいい」とそのフランス人はタモ網片手に嬉々として自分の食材を選んだ。ところが、いざその魚が舟盛りになって目の前に登場すると、見る見る表情が変わった。整然と切り身になった体で口をぱくぱくさせている鯛の様子に、「残酷だ。恐ろしい」と気味悪がった。「牡蠣は生《なま》で食べるだろう」とか「タルタル・ステーキは生の牛肉だろう」とか宥めすかしたが、鯛の口の動きがついに完全に止まっても、フランス人は鯛に箸を付けようとしなかった。

日本料理の影響を受けて材料を生に近い状態で出すヌーヴェル・キュイジンヌが幅を利かせ、回転寿司で器用にフランス人が箸を操る今日のフランス事情からすればまさに隔世の感があるが……。

エピソードはさておき、日本語には「刺身文化」が貫徹している。現実になるべく手を加えず、言葉で現実を再現しようとする。少し前の、時間に余裕のある主婦が行っていた井戸端会議。そこでは、自分が今語っている話の内容を、そこに登場する人物の身振り手振りまで再現しながら、その人物の発した言葉をまるでその場にいるかのような臨場感で真似る。これ以外の場面でも、ふと気が付けば、日本語ではいまだに直接話法が全盛なのである。

先述のように、どの方向から身に付けるかによって違う動詞を使うのも、個々の事象の微妙な差異を現実に密着して表現しようとする努力の表れである。現実を帰納的に抽象化ないし昇華しないので、七千語が必要となり、これはフランス語三千語の二倍以上である。

現実世界は時間の流れとともに推移する、いわば、動詞的な世界である。そのように現実世界を捉え、それをなるべくそのまま表現しよう——「刺身」的に表現しよう——とすれば、言語表現は必然的に動詞が主体となるわけである。

「刺身文化」から来る「刺身言語表現」として、日本語に特徴的なのはまた、オノマトペ、すなわち擬音語、擬声語、擬態語の多用である。「雨がざあざあ降る」「子どもがきゃあきゃあ騒ぐ」「にやにやする（笑う）」など数えだしたら、きりがない。

それに日本語においては、フランス語にある「語りの現在」のような発話主体の時間的位置づけが希薄であり、時制についてもフランス語ほど厳密なものはない。

ただ、日本語においては、発話主体とまではいかない自分というものの、漠然とした空間的位置づけは行う。時間についても、それを空間化して捉えた「間《ま》」を重んずる。我々はその「場」にいる自分の「位置」「立場」を察知する。その「場」の雰囲気、「空気を読む」ことをし、個々の人間の気持ちとその集合体を慮り、周囲の人間との「間」を計る。それを基にして、他者とのあいだに曖昧な行動の方向性を見出して、例えば、他者から自分に対しての行動については「〜

してもらう」と言い、自分から他者に対しては「〜してやる」「〜してあげる」と言う。この曖昧な行動の方向性は翻訳の際にも有効な考え方である。

以上、「コンソメ文化」と「刺身文化」の違いを種々列挙したが、むろん、上記のすべては両言語、両文化の単なる相違の指摘であって、優劣をあげつらおうとするものでは毛頭ない。それはお分かりのことと思う。そのうえで、これから、これらの相違点——というよりも日本語の特徴——から因ってくる翻訳の際の注意点を実例に則して議論していくこととしよう。

2　名詞の動詞表現化、主語と目的語の逆転

フランスの「コンソメ文化」では、世界表象の主体である話者が世界を自分なりに捉え、現実の具体的な事象を帰納法的に自分の頭で抽象化する。そのためにフランス語では名詞が主体の構文となる。それに対して、日本の「刺身文化」では、時間の流れとともに推移する、いわば、動詞的な世界として現実世界を捉え、それをなるべくそのまま表現しよう——「刺身」的に表現しよう——とする。そのために日本語では言語表現は必然的に動詞が主体となる。前節でこのように述べたが、フランス語から日本語への翻訳では、こうした両文化、両言語の違いを基礎として、フランス語原典の「方向的等価」を日本語で実現することが求められる。つまり、名詞主体の構

文を動詞主体の構文に変換しなければならないのである。これは欧文邦訳技法の一般的な注意にもなっている。

例えば、鷲見洋一は『翻訳仏文法』の中で、「むしろ、名詞が内包している情報そのものに目をむけて、直接その情報を訳出するようにすべき」であって、「フランス語名詞の訳しほどきかたを工夫」[2]するのがよいと勧めている。

また、英文の邦訳については、安西徹雄が次のように述べている。「名詞をそのまま名詞に訳すのではなく、〔……〕文章の形に読みほどいてやることが有効だ」[3]。「名詞を訳す時、すべてに通ずる大原則として最初に挙げておかなければならないのは、「名詞の中に文を読め」という鉄則である。つまり、原文では名詞一語で書いてあっても、訳文でも単に機械的に名詞一語を当てるのではなく、誰が、誰に、何をしているのか、ひとつの文章の形に読みほどくことが大事なのだ」[4]。

フランス語は名詞主体の言語である。この特徴が表れているとされる代表例の一つに、いわゆる無生物主語がある。『星の王子さま』から抽出してみると、第V章に次のような文章がある。

◇L'idée du troupeau d'éléphants fit rire le petit prince : (Pléiade, t. 2, chap. V, p. 248)

The idea of the herd of elephants made the little prince laugh:

以後、『星の王子さま』からの引用には英直訳を付すことにする。直訳であるので、フランス語原典テクストをほぼそのまま英語に移しかえているにすぎない。したがって、英語らしさ、英文としての完成度といった観点からの評価は最初から当たらない。

今掲げたフランス語原文を直訳すると、「ゾウの群れという考えが王子さまを笑わせた」となる。これが不自然な日本語であることは誰の目にも明らかであろう。拙訳『星の王子さま』[5]では、「ゾウの群れというのがよほどおかしかったとみえて、王子さまは腹《はら》をかかえて」(三一頁)と訳した。「ゾウの群れというのが(王子さまには)おかしい」ことと、「王子さまが笑った」という二つの文章に分け、その間を「よほど〔……〕とみえて」で結んで、「笑う」主体が日本語では人間になるように処理したわけである。「フランス語名詞の訳しほどきかたを工夫する」(鷲見)ないしは「名詞を〔……〕文章の形に読みほどいてやる」(安西)ことになっているはずである。

　無生物主語の邦訳例を続けよう。『星の王子さま』第X章、王様の星での話に出てくる一文である。

◇Un tel pouvoir émerveilla le petit prince. (Pléiade, t. 2, chap. X, p. 264)
Such power amazed the little prince.

フランス語原文を直訳すると、「このような権力が王子を感嘆させた」となる。これを拙訳では「こんな権力《けんりょく》はすごい、と王子さまは感心しました」（六四頁）と訳している。「王子さまは感心しました」と人間を主語にしているだけでなく、先述の、直接話法が多用されるという「刺身文化」の日本語の特徴を活かして、「こんな権力はすごい」と王子さまが心の中で言っただろう言葉として表現している。直接話法の活用についてはあとで詳述する。

第XXI章で、キツネが王子さまに apprivoiser される、すなわち「なじみになる」意味を説明するくだりの一文を挙げよう。

◇Les autres pas me font rentrer sous terre. Le tien m'appellera hors du terrier, comme une musique. (Pléiade, t. 2, chap. XXI, p. 295)

The other steps make me return underground. Yours will call me out of the burrow, like music.

フランス語原文は「ほかの人の足音」を主語とした構文を採用し、直訳すれば「ほかの人の足音がぼくを地面の下にもぐらせる」となっている。第二センテンスも足音を主語とし、「君の足音が、まるで音楽のように、ぼくを巣穴から呼び出すことだろう」としている。いずれの直訳も日本語として不自然なことは言うまでもない。

拙訳は「ほかの人の足音が聞こえたら、ぼくは地面の下にもぐってしまう。君の足音が聞こえたら、ぼくは思わず巣《す》穴《あな》の外に出るだろうよ、まるで、音楽に呼《よ》びだされたみたいにね。」（一一九頁）となっている。

「名詞の中に文を読ん」（安西）で、Les autres pas（The other steps）「ほかの人の足音」（およびme font rentrer「もぐらせる」の使役表現）を「ほかの人の足音が聞こえたら」と動詞化し、Le tien（Yours）「君の足音」を（加えてm'appelleraという表現を考慮しつつ）「君の足音が聞こえたら」と動詞化している。次いで、そのあとのme font rentrer sous terre（make me return underground）を、あくまでも人間（ここはキツネの擬人化だが）「ぼく」を主語として、「ぼくは地面の下にもぐってしまう」と訳し、m'appellera hors du terrier, comme une musique（will call me out of the burrow, like music）を「ぼくは思わず巣穴《すあな》の外に出るだろうよ、まるで、音楽に呼《よ》びだされたみたいにね。」と訳している。comme une musique（like music）「音楽のように」も「名詞の中に文を読ん」で、「まるで、音楽に呼《よ》びだされたみたいにね」と動詞化している。これには――その前のところで「ぼく」を主語として「ぼくは巣穴の外に出るだろうよ」としたために、appeler（call）「呼ぶ」が訳文に表れにくくなってしまうので――それを補う意味もある。

これらの処理に共通しているのは、フランス語原文の主語と直接目的補語（英語の直接目的語）を逆転させて、後者を主語とした自然な日本語文に仕立て直していることである。こうした邦訳時の構文上の逆転はきわめて利用価値の高い技法なので、是非ともマスターしていただきたい（そうは言っても、少し発想を変えるというか、日本語の普通の発想をすればよいだけのことで、欧文和訳タイプの日本語の「悪しき定型を打ち砕」（鷲見）いて単に常識的判断をすればよいだけのことである）。

このような逆転の例をもう一つ挙げよう。第XXV章で、飛行士が砂漠の井戸から水を汲み、釣瓶を傾けて王子さまに水を飲ませた直後の一文である。

◇Lorsque j'étais petit garçon, la lumière de l'arbre de Noël, la musique de la messe de minuit, la douceur des sourires faisaient ainsi tout le rayonnement du cadeau de Noël que je recevais. (Pléiade, t. 2, chap. XXV, p. 307)

When I was a little boy, the lights of the Christmas tree, the music of the Midnight Mass, the gentleness of smiles used to make up, so, all the radiance of the Christmas gift I received.

フランス語原文を直訳すると、「子どものころ、クリスマス・ツリーの光、真夜中のミサの音楽、微笑みのやさしさが、ぼくが受けとっていたクリスマス・プレゼントの輝きの全体を成していた。」となる。これを拙訳では「子どものころのことです。クリスマス・ツリーの光、真夜中のミサの音楽、みんなが浮《う》かべるやさしい微笑《ほほえ》み。そうしたものが寄《よ》り集《あつ》まって、ぼくが受けとるクリスマス・プレゼントがキラキラ輝《かがや》いて見えたものでした。」（一四一頁）とした。

くどいほど先述したが、日本語で自然なのは単文と重文である。また、一文が長いのは好まれない。それに、作者の思考の流れ、意味の生成の流れを能うかぎり再現するのが翻訳の常套手段である。こうしたことから、最初の「子どものころ」を文章として独立させて、「子どものころのことです。」と拙訳ではした。

そのあとの三つの名詞のブロックは、それぞれ「クリスマス・ツリーが放つ光」、「真夜中のミサで鳴り響く音楽」、「みんなが浮かべる微笑みのやさしさ」という具合にことさら「名詞の中に文を読む」と煩雑になる。これから先も同様の配慮が必要になるが、どのような翻訳技法もオールマイティではなく、臨機応変に取捨選択しなければならない。そこで、動詞表現化しなくとも意味が明瞭な最初の二つはそのまま「クリスマス・ツリーの光」「真夜中のミサの音楽」とし、動詞表現化が必要な三つ目のブロックのみ「みんなが浮《う》かべるやさしい微笑《ほほえ》み」とした。「微笑みのやさしさ」を「やさしい微笑み」としたのは、品詞相互の変換可能性の項で後述する、名詞と形容詞の変換可能性による。

こうした三つの名詞のブロックを主語として、そのあとにすぐに文章を続けると、一文が長くなりすぎる。だから、これも翻訳の基本的な技術だが、体言止めにして文章を独立させた。それを次の文章で「そうしたもの」で受け、「そうしたものが」を主語として、それに「寄《よ》り集《あつ》まって」と続けて tout le rayonnement「輝きの全体（を成していた）」を表現した。faisaient ainsi tout le rayonnement du cadeau de Noël（used to make up, so, all the radiance of the Christmas gift）「クリスマス・プレゼントの輝きの全体を成していた」を訳すうえでは、フランス語原文の主語と目的語を逆転させて、「クリスマス・プレゼントがキラキラ輝《かがや》いて見えたものでした。」と自然な日本語にした。「キラキラ」という擬態語を用いたのは tout le rayonnement「輝きの全体（を成していた）」の「全体」を補強するためでもあるが、擬音語・擬声語・擬態語を多用するという「刺身文化」の日本語の特徴をふまえてのことでもある。

3 オノマトペの効果的な用法

擬音語・擬声語・擬態語といったオノマトペを多用するのは、「刺身文化」の日本語の特徴なのだが、これは翻訳文をヴィヴィッドにするのに大いに役立つ。しかし、注意も要する。度を越すと、翻訳文が軽薄に流れ、逆効果になるからである。児童書ではヴィヴィッドな文体が好まれるので、比較的多用されるが——そして、児童書の体裁を採る『星の王子さま』でも、ある程度多用する必要があるが——フランス語原文の意味を斟酌しながら、適切な場所で適切に使わなければならない。

このあたりのことは、その著書『日本語をみがく翻訳術』で翻訳家の高橋泰邦も指摘するところである。

擬音語・擬態語の豊かさが、日本語の最大の特色の一つであり、それによって微妙な感覚の表現ができるとすれば、それを過不足なく有効に使わぬ手はない。もちろん、やたらと使えば幼児語めいて、文章の格調を損う。いわば両刃の剣である。(6)

拙訳『星の王子さま』からオノマトペ使用の例をいくつか挙げることにしよう。

最初は、飛行士が王子さまに出会って間もないころ、飛行士が砂漠の上空を飛んでいて不時着したことを「空から落ちた」と王子さまが表現し、「ああ！　それは愉快《ゆかい》だ……」と言いながら、大笑いする第Ⅲ章の一節である。

◇Et le petit prince eut un très joli éclat de rire qui m'irrita beaucoup. (Pléiade, t. 2, chap. III, p. 242)

And the little prince broke into a very lovely peal of laughter, which irritated me very much.

フランス語原文を直訳すれば、「そして、王子さまはとてもみごとな大笑いをしたが、その大笑いはぼくを甚だしく怒らせた。」となる。拙訳ではこれを「そんなふうに言いながら、王子さまがワッハッハと、それはそれはみごとな大笑いをするものですから、ぼくはムッと腹《はら》が立ちました。」（一九頁）とした。

順接の接続詞 et（英語の and）を常に「そして」と訳せばよいと考えるのはあまりに杓子定規である。拙訳ではこれを内容を酌んで「そんなふうに言いながら」とした。接続詞 et は（英語の and も）あくまでも事柄が付け加わるということであって、必ずしも時間軸上での前後を示すわけではない。その次の擬声語「ワッハッハ」と擬態語「ムッ」だが、これらが入ったことによって、この場の情景が目に浮かぶ日本語になったはずである。だが、それのみならず、ここで、フランス語原文において éclat「爆発」（英直訳では break「壊れる」「砕ける」）という強い言葉が使われているので、それに対応する日本語表現を「ワッハッハ」という大笑いの擬声語に求めたためである。擬態語「ムッ」はフランス語原文の beaucoup（英直訳 very much）に対応する日本語表現を求めたものである。あくまでもフランス語表現の「方向的等価」を追求するのであって、過度の脚色は翻訳を翻案に近づけてしまうので、要注意である。

同じような怒りの表現でも、次のようにその処理がケースバイケースなのは当然である。

◇Il était vraiment très irrité. (Pléiade, t. 2, chap. VII, p. 254)

He was truly very angry.

この文章は直訳すれば、「彼はほんとうにとても怒っていた。」となる。これを拙訳では「王子さまはほんとうにかんかんになって怒《おこ》っていました。」（四三頁）と、「かんかんに」という擬態語を用いて、感覚的に捉えられる日本語にした。すでに何度も繰り返したフランス語の性質からして、このフランス語原文はフランス語として自然な表現であり、感覚的に捉えられるフランス語である。フランス語原文の「方向的等価」を日本語に求めるとすれば、自然な日本語表現である「かんかんになって怒《おこ》っていました」となるわけで、これは翻案でも、脚色でもない。要は逐語訳至上主義を捨てることである。

同じような怒りの表現でも、場合によっては擬態語を用いない処理が適することもある。

◇Le petit prince était maintenant tout pâle de colère. (Pléiade, t. 2, chap. VII, p. 255)

The little prince was now quite pale with rage.

フランス語原文の直訳は「王子さまは今や怒りで真っ青になっていた。」である。拙訳では、「もう王子さまは怒《いか》り心頭《しんとう》に発して、真《ま》っ青《さお》な顔をしていました。」(四四頁)とした。maintenant (now)「今や」をこの場合の自然な日本語である「もう」と訳した。日本語で「真っ青」になるのは、衝撃、体調不良、苦痛、恐怖によるのであり、怒りとは必ずしも直接には結びつかない。「怒りで真っ青になる」ことの不自然さを解消するために、王子さまが極度の怒り(激怒)の状態になったことを「怒《いか》り心頭《しんとう》に発して」とまず表現しておき、それに「真《ま》っ青《さお》な顔をして」を付け加える二段構えにしたわけである。

オノマトペを用いた拙訳の例に話を戻すことにしよう。飛行士と王子さまが砂漠で井戸を見つけたが、不思議なことにその井戸は、どこかの村にあるような井戸だったというくだりである。

◇Il rit, toucha la corde, fit jouer la poulie. Et la poulie gémit comme gémit une vieille girouette quand le vent a longtemps dormi. (Pléiade, t. 2, chap. XXV, p. 306)

He laughed, touched the rope, and set the pulley working. And the pulley moaned, as an old weathervane moans when the wind has long since slept.

フランス語原文を直訳すると「彼は笑い、綱に触れて、滑車を動かした。すると、滑車は、長い間風が吹かなかったとき、古い風見鶏がきしむように、きしんだ。」となる。これを拙訳は「王子さまはニッコリと笑い、綱に手をかけて、滑車を動かしました。すると、滑車はキーキーときしんだのです。まるで、長いあいだ吹《ふ》かないでいた風が吹くと、古びた風見鶏《かざみどり》がキーキーと鳴りだすように。」(一三九頁)
とした。

Il rit (He laughed)「彼は笑い」の「笑い」を拙訳では「ニッコリと笑い」と「ニッコリ」という擬態語を加えている。ここは、村の井戸と同じように滑車も釣瓶も綱も何もかも揃っていることを飛行士が不思議がっていると、王子さまがその理由を先刻承知しているかのように、滑車を動かして見せるところである。その、先刻承知していることが「王子さまが笑う」ことで表現されている。単に「王子さまは笑い」だけでは、何かおかしいことがあって(ゲラゲラ)笑うのかもしれず、そのことは読者にピンとこない。そこで、「ニッコリと」を付け加えたわけである。これは決して過剰な翻訳ではない。フ

ランス語は抽象化、日本語は具体化を指向するという「コンソメ文化」と「刺身文化」の違いにも根ざした、言語表現の違いを考慮に入れた処理である。

滑車が「きしんだ」、風見鶏が「鳴りだした」に付け加えた擬音語「キーキー」であるが、これは「きしむ」に、動詞 grincer（creak）ではなく、悲痛なうめきも表しうる動詞 gémir（moan）が使われていることから、「ギーギー」のほうがよいかとも迷ったところである。動詞 grincer（creak）は機械や器具の不調を表したりもすることから、使用が避けられたとも考えられる。また、このパッセージのすぐあと、王子さまは「ぼくたちは井戸を起こしたんだよ。目覚めた井戸は歌を歌っている……」と言っている。このことから、滑車のきしむ音はむしろ歓迎すべきものなので、いくらか明るい感じの「キーキー」を選んだ。なお、quand le vent a longtemps dormi（when the wind has long since slept）「長い間風が吹かなかったとき」は「長い間風が吹かなかったが、今吹き出して」という意味である。フランス語原文で複合過去が使われている所以である。

オノマトペを用いた拙訳の他の例を簡潔な形で列挙してみよう。

◇Et je fus stupéfait d'entendre le petit bonhomme me répondre : [...]. (Pléiade, t. 2, chap. II, p. 240)

And I was astounded to hear the little fellow reply: [...].

直訳「そして、その子が次のように答えるのを聞いてぼくは仰天した。」拙訳「ところが、ぼくはアッと驚《おどろ》きました。その子がこんなふうに答えたものですから。」（一五頁）。フランス語原文の stupéfait（astounded）は非常に強い意味なので、擬声語（ないし擬態語）「アッと」を付け加えたのである。

◇[...] mon marteau à la main, et les doigts noirs de cambouis, [...]. (Pléiade, t. 2, chap. VII, p. 254)

[...] my hammer in hand, and my fingers black with engine grease [...].

直訳「手にハンマーを持ち、汚れた機械油で指を黒くして」。拙訳「手にハンマーを握《にぎ》り、指を機械油《きかいあぶら》でべとべとにして」（四三頁）。cambouis は、ある一定時間以上の使用によって汚れ劣化した潤滑油などの機械油をいう。こうした cambouis「汚れ劣化した機械油」で「指を黒くして」を「べとべとにして」と擬態語によって表現したのである。

◇Il bredouillait un peu [...]. (Pléiade, t. 2, chap. X, p. 263)

He stammered a little [...].

直訳「彼は少し口ごもった」。拙訳「王様はもごもご口を動かしました」（六二頁）。

◇Le petit prince frappa ses mains l'une contre l'autre. Le vaniteux salua modestement en soulevant son chapeau. (Pléiade, t. 2, chap. XI, p. 268)

The little prince clapped his hands, one against the other. The conceited man bowed modestly, raising his hat.

直訳「王子は手と手を打った。うぬぼれ屋は帽子を持ちあげ、控え目にお辞儀した」。拙訳「王子さまはパチパチ手と手を打って、拍手をしました。すると、うぬぼれ屋は帽子をちょこんと持ちあげ、へりくだったお辞儀をしました。」（七一頁）。拙訳では擬音語「パチパチ」を加えて、この場の情景が読者の目に浮かぶ配慮をした。「手と手を打って」に加えて「拍手をしました」と屋上屋を架したのは、うぬぼれ屋が相手の称讃を渇望し、王子さまがそれに応えていることをより明確にするためである。「帽子を持ちあげ」に「ちょこんと」という擬態語を加えただけで表現がヴィヴィッドになったこと——日本語における擬態語の威力——をお感じいただければ幸いに思う。フランス語原文の salua modestement「控え目にお辞儀した」という〈動詞＋副詞〉を「へりくだったお辞儀」という〈形容詞＋名詞〉に変換したが、こうした品詞の変換は常套手段であり、非常に利用価値が高い。詳しくは後述するが、このことは記憶に留めていただいてよい。

◇Et, couché dans l'herbe, il pleura.
(Pléiade, t. 2, chap. XX, p. 292)

And, lying in the grass, he cried.

直訳「そして、草むらの中に横たわって、彼は泣いた」。拙訳「王子さまは草むらにうつ伏《ぶ》して、ワッと泣きだしてしまいました。」（二一四頁）。地球に来て、一つの庭だけで五千本ものバラが咲いているのを王子さまは目の当たりにする。自分の星のバラが実は宇宙で一輪だけのバラではなく、どこにでもあるバラだと知って大変な衝撃を受けるところである。このパッセージに対応するサン＝テグジュペリ自筆の挿絵でも、王子さまは草むらにうつ伏した状態で描かれている。このこともあって、couché dans l'herbe（lying in the grass）「草むらの中に横たわって」をそのように訳した。そのうえで、il pleura（he cried）「彼は泣いた」を訳すのに、コンテクストをふまえ、「ワッと泣きだしてしまいました」と擬声語を使って劇的なニュアンスを出した。また、「泣きだした」としたのは、単純過去（pleura は動詞 pleurer の直説法単純過去形）が過去の出来事をその起点に着目して叙述する傾向を持つからである。

◇Et un rapide illuminé, grondant comme le tonnerre, fit trembler la cabine d'aiguillage. (Pléiade, t. 2, chap. XXII, p. 300)

And a light-up express train, rumbling like thunder, made

the switchman's cabin tremble.

直訳「そして、光に満ちた特急列車が、雷のように轟きながら、転轍小屋を震わせた」。拙訳「窓《まど》から光のあふれる特急列車が、まるで雷《かみなり》のような轟音《ごうおん》を響《ひび》かせながら、転轍小屋をガタガタ震《ふる》わせました。」（一二八頁）。拙訳では、「轟音《ごうおん》を響《ひび》かせながら」に対応する具体的な小屋の振動を「ガタガタ」という擬音語で表現した。un rapide illuminé（a light-up express train）「光に満ちた特急列車」についても具体的な情景を明確に邦訳して、「窓《まど》から光のあふれる特急列車」とした。当然ながら、列車において窓以外から光が溢れるはずがないから、「ゼロ度の比較第三項」の不正確な把握とはならない。直訳のような「光に満ちた特急列車」ではピンぼけであり、「窓《まど》から光のあふれる特急列車」のようなピント合わせは翻訳において読者のために必須である。

◇Je sentais battre son cœur comme celui d'un oiseau qui meurt, quand on l'a tiré à la carabine. (Pléiade, t. 2, chap. XXVI, p. 310)

I felt his heart beating like that of a dying bird that has been shot with a rifle.

直訳「王子の心臓が、空気銃で撃ったとき死ぬ鳥の心臓のように、打つのをぼくは感じた」。拙訳「王子さまの心臓《しんぞう》がドキドキ打つのがじかに伝わってきました。空気銃《くうきじゅう》で撃《う》たれて、死にかけている鳥の心臓がドキドキ打つような打ち方でした。」（一五〇頁）。carabine は近距離戦闘用の（軍用）小銃であるカービン銃ではなく、ここでは carabine à air comprimé「空気銃」としなければ、「ゼロ度の比較第三項」として不適格である。英直訳の rifle も air rifle（air gun）「空気銃」

と解するのがよい。

◇Il n'y eut rien qu'un éclair jaune près de sa cheville. (Pléiade, t. 2, chap. XXVI, p. 316)

There was nothing but a yellow flash near his ankle.

直訳「王子の踝《くるぶし》近くには黄色い閃光以外に何もなかった」。拙訳「王子さまの踝《くるぶし》近くで、黄色い光がピカッと走っただけでした。」（一六一頁）。拙訳においては、擬態語「ピカッと」に加えて、「光った」ではなく「走った」としたことで éclair（flash）「閃光」を表現した。この「閃光」は実際には毒蛇が一瞬王子さまの踝を噛んだ、その素早い一撃を意味している。この一撃によって王子さまは倒れる（死ぬ）わけだから、その電光石火の、ある種、剣のような鋭さ、勢いを出す必要があった。

擬音語・擬声語・擬態語に類する日本語表現に、感覚的表現の副詞・形容詞、なかでも、畳音・促音になるものがある。「きっぱり」「さっぱり」「めっきり」「しみじみ」「きちんと」「すれすれの」「たどたどしい」「ごたごたと」「ほそぼそと」「おどおどした」「おずおずと」「びくびく」「ぞくぞくと」「ほかほか」「ぶくぶくと」「ぎすぎすと」「のびのびと」などであるが、これらも適宜使用すれば、ヴィヴィッドな翻訳に資するところが大きい。

一つだけ例を挙げておこう。

バラの花を残して自分の星から旅立とうと決めたにもかかわらず、王子さまがなかなか出発しない。そんな様子を見かねてバラの花が発する言葉である。

◇Ne traîne pas comme ça, c'est agaçant. (Pléiade, t. 2, chap. IX, p. 262)
Don't linger like that, it's irritating.

直訳「そんなふうに長引くな。それは苛立たしい」。拙訳「そんなにいつまでもぐずぐずしていないでよ。いらいらするわ。」（五八頁）。trainer（linger）「長引く」を「ぐずぐずする」と、agaçant（irritating）「苛立たしい」を「いらいらする」と、それぞれ畳音表現を用いて訳したのである。

4 慣用表現の効果的な用法

怒りの表現として、「かんかんに怒って」などというような擬態語を用いることなく、Le petit prince était maintenant tout pâle de colère. (Pléiade, t. 2, chap. VII, p. 255)（The little prince was now quite pale with rage.）直訳「王子さまは今や怒りで真っ青になっていた。」を、「もう王子さまは怒《いか》り心頭《しんとう》に発して、真《ま》っ青《さお》な顔をしていました。」（四四頁）と拙訳したことは前述した。そこでは、フランス語の慣用表現 être pâle de ＋〈無冠詞名詞〉を日本語の慣用表現「怒り心頭に発する」に置き換えたかのように見えるが、この場合も完全に対応しているわけではなく、フランス語の慣用表現を日本語の類似の慣用表現に置き換えられることはむしろ稀である。そうは言っても、フランス語にも日本語にも、それぞれに固有の慣用表現があり、かなりの頻度で使用されるのも事実である。

慣用表現使用の利点は、人口に膾炙したお蔭ですでに確立しているストレートな理解の回路をそのまま利用できる点にある。瞬時にいわゆる「腑に落ちる」とか「心に響く」とかする表現なのである。晦渋な論文などに用いるのは言語表現のレベルを無視した不適切な振る舞いだが、マスメディアなどの日常表現に近いレベルでは多用されていることに気づかない読者は少ないだろう。小説などの翻訳においても然りである。フランス語の慣用表現を日本語の慣用表現にそのまま置き換えるなどという離れ業はほとんどの場合不可能だが、フランス語文にもかなりの数の慣用表現が使われているのであるから――対応関係をことさら追求することなく――日本語文でもかなりの数の慣用表現を用いることはごく自然なことである。

拙訳からほんの数例のみ挙げることにしよう。

星を自分の所有物と決めこんで、星の数を数えることに余念のない実業家。王子さまが声をかけるのをうるさがって、次のように返答する。

◇[…] je ne m'amuse pas à des balivernes ! (Pléiade, t. 2, chap. XIII, p. 271)

[…] I don't amuse myself with idle talk.

直訳「無駄話を楽しむことはしない！」。拙訳「油を売ってなんかいられない！」(七六頁)。「油を売る」は「無駄話に時を過す」(『広辞苑』)なので、この場合、フランス語原文に意味のきわめて近い日本語慣用表現といえる。

◇[...] il est absurde de chercher un puits, au hasard, dans l'immensité du désert. (Pléiade, t. 2, chap. XXIV, p. 303)

[...] it is absurd to look for a well, at random, in the immensity of the desert.

直訳「砂漠の広大さの中で行き当たりばったりに井戸を探すことは馬鹿げている」。拙訳「こんなに広い砂漠で、行き当たりばったりに井戸を探すなんて、愚《ぐ》の骨頂《こっちょう》です」（一三四頁）。absurde（absurd）はアルベール・カミュなどの実存主義文学（および哲学）においては「不条理な」と訳され、戦後、日本でも一世を風靡したキーワードである。そこまで考えるには及ばないが、この語は「馬鹿げている」でも、その度合いが相当強い。その意味で、「愚の骨頂」という日本語の慣用表現に過不足なく適合していると思われる。l'immensité du désert（the immensity of the desert）「砂漠の広大さ」を「こんなに広い砂漠」としたのは、翻訳における品詞の交換可能性、ここでは名詞と形容詞の交換可能性によることはいうまでもない。

◇Ah ! lui dis-je, j'ai peur... (Pléiade, t. 2, chap. XXV, p. 308)

"Ah!," I said to him, "I am afraid...".

直訳「「ああ！」とぼくは王子に言った。「ぼくは心配だ……」」。拙訳「「ねえ」とぼくは王子さまに言いました。「ぼくはなんだか胸騒《むなさわ》ぎがするよ……」」（一四五頁）。王子さまが地球にやって来てちょうど一年目の夜が間近に迫り、王子さまが地球から去ってしまうのではないか。王子さまの言動から、そう飛行士には感じられる。ここでは近未来の出来事を心配しての飛行士の言葉なので、「心配・驚き・凶事の予感などのために胸がどきどきして心の穏やかでないこと」(『広辞苑』)を意味する「胸騒ぎ」という慣用表現を用いた。

◇Je parvins au mur juste à temps pour y recevoir dans les bras mon petit bonhomme de prince [...]. (Pléiade, t. 2, chap. XXVI, p. 310)

I reached the wall just in time to catch my little prince in my arms [...].

直訳「そこで腕の中にぼくの大事な王子さまを受けとめるべくちょうど間に合ってぼくは石塀に到達した」。拙訳「ぼくは間一髪《かんいっぱつ》で石塀のところに駆《か》けつけ、腕《うで》の中に、ぼくの大事な王子さまを受けとめました。」(一五〇頁)。juste à temps (just in time)「ちょうど間に合って」を、「(髪の毛ひと筋の幅ほどのごくわずかなすきまの意から) 物事が非常に切迫しているさま。あやういところ」(『広辞苑』)を意味する「間一髪で」という慣用表現で処理した。pour (y) recevoir (to catch)「受けとめるべく」という目的表現を「……して、……した」という結果表現にして訳すというのも、自然な日本語を得るための常套手段である。

5　思考の流れの再現（1）――同時性の処理、倒置の効用

pour (y) recevoir（to catch）「受けとめるべく」という目的表現を「……して、……した」という結果表現にして訳すなど、目的表現を結果表現にするのは、自然な日本語を得るための常套手段であると先述したが、それとともに、原作者の思考の流れ、すなわち、原作の叙述の順番を尊重する一環でもある。原作者の思考の流れが線的に（線のように）言葉を連ね、文章を連ねて進行するのがテクストの書かれ方である。こうした線的な原作者の思考の流れを翻訳の読者の頭脳に線的に再現する。原典テクストの叙述の順序を崩さず、なるべくそのまま翻訳文で再現するのが、最良の「方向的等価」directional equivalence を得る方法である。このことを翻訳文作成における「すべての前提となる点」として、安西徹雄は次のように述べている。

その第一は、原文の思考の流れを乱すなということ――つまり、もっと具体的にいえば、原文で単語や句の並んでいる順序をできるだけ変えないで、頭から順に訳しおろしてゆくように心がけるということである。(7)

この、安西も強調する、当たり前のことが当たり前のこととして認識されないのが「欧文和訳」

（「講読訳」）教育の弊害であることは前述した（第二章2節）。

線的な原作者の思考の流れがうまく翻訳の読者の頭脳に線的に再現できれば、すうっと読者の頭に入るだけでなく、原作者の息づかいまでも伝わる良い訳文になりうる。だが、線的に再現するといっても、安西が一部述べているような、単語レベルのことではない。時間軸上で分節化された思考内容、意味上の（最小限の）まとまり semantic unit（意味単位）のことである（第一章9節）。この semantic unit の提示の順序を翻訳において原典テクストと一致させれば、それが最も自然な原作者の思考の流れの再現となる。これが基本である。

その際思い起こすべきは、（すでにくどいほど繰り返したが）日本語で自然なのは単文と重文であること、そして、一文が長いのは好まれないことである。そのために適宜用いる基本技術として目的表現の結果表現への変換があることは前述した。ここでは、差しあたり、次のことを示そう。つまり、同時性を表すジェロンディフ（en＋現在分詞）や現在分詞は付加的に訳すのがよいこと。そして、ほかでもそうだが、これについても、有効性を発揮するのが文の倒置だということである。

地理学者の星を王子さまがあとにする章の最後の文章を例に取る。

◇Et le petit prince s'en fut, songeant à sa fleur. (Pléiade, t. 2, chap. XV, p. 283)

And the little prince went away, thinking of his flower.

直訳「そして王子さまは、彼の花を思いながら、立ち去った」。拙訳「そこで、王子さまはその星をあとにしました、自分の星に残してきた花に思いをはせながら。」(九八頁)。拙訳では原典テクストの semantic unit の提示順を尊重して、まず Et le petit prince s'en fut (And the little prince went away)「王子さまが立ち去った」ことを訳している。そのあとで、songeant à sa fleur (thinking of his flower) の現在分詞部分を倒置によって付け加えている。なお、sa fleur (his flower) を「彼の花」では何のことかはっきりしないことから、「自分の星に残してきた花」と所有形容詞 sa (彼の) の意味を酌んで訳す必要もあった。

6 思考の流れの再現(2)——複文の単文・重文への変換

「欧文和訳」(「講読訳」) 教育の弊害 (第二章2節) が特に顕著なのが欧文の複文を複文として邦訳する、「……するところの……」式の、いわゆる翻訳文体である。これを「いかにも西洋風だ」「なんだか難解な雰囲気を醸し出す」として有難がった時代はもはや遠くなった。唐突だが、これにぴったりの中村草田男の名句を引用すれば、「降る雪や明治は遠くなりにけり」である。

そこで、ここでも (あるいは、ここでこそ)、原作者の思考の流れの再現—— semantic unit の提示順の原典テクストとの一致——が肝要である。すなわち、関係代名詞を用いた複文構造を関係節から遡らずに、原典テクストの順序どおり、単文または重文に置き換えるわけである。

英語の講読訳では通常、関係代名詞の前にコンマがない場合を「限定用法」と捉え、関係節から遡って複文で訳し、関係代名詞の前にコンマがある場合を「非限定用法」と捉え、上から順に重文ないし（文章を改めて）単文で訳すことを行っている。だが、この「限定用法」についても安西は「非限定用法と考えてもほとんど違いはないと言っていい」場合があり、「現代英語では、意味上は明らかに非限定用法でありながら、コンマの打っていない例はかならずしもめずらしくない」、あるいは「明らかな限定用法の場合であっても、ともかくもまずいったん切って、後から説明をつけ加えるという工夫が有効な例は非常に多い(8)」と述べて、複文を単文または重文に置き換えることを推奨している。

ただし、複文を徹底的に排除することは不可能で、構文上無理が生ずる場合には複文にすることもありうる。だが、その場合も、思考の流れの邪魔をしないように、そうした複文はなるべくコンパクトにまとめるのがよい。付随的な技法として、体言止めを用いたり、先行詞を繰り返したり、または、文を倒置したりすることもあってよい。

複文の単文または重文への変換例は『星の王子さま』の拙訳にあっても枚挙に遑《いとま》がない。

◇Il était une fois un petit prince qui habitait une planète à peine plus grande que lui, et qui avait besoin d'un ami... (Pléiade, t. 2, chap. IV, p. 246)

Once upon a time there was a little prince who lived on a planet not much bigger than himself, and who had need of a friend...

直訳「むかし、むかし、辛うじて自分より大きい惑星に住んでいて、友だちを必要としていた王子がいた……」というところを、拙訳では「むかし、むかし、王子さまがおりました。王子さまは自分の体より少し大きいくらいの惑星に住んでいました。王子さまは友だちがほしくてしかたがありませんでした……」（二八頁）とした。拙訳では、関係節 qui habitait...（who lived...）と関係節 qui avait...（who had...）を単文二つにして独立させたわけである。

実業家との対話の終盤、王子さまは実業家に自分の星のことを次のように述べている。

◇Moi, dit-il encore, je possède une fleur que j'arrose tous les jours. Je possède trois volcans que je ramone toutes les semaines. (Pléiade, t. 2, chap. XIII, p. 275)

"I myself", he persisted, "I own a flower which I water every day. I own three volcanoes which I clean out every week".

直訳で「「ぼくはと言えば」と彼はさらに言った。「ぼくは毎日水をやる花を所有している。毎週、煤払いをする三つの火山を所有している。」」というところを、拙訳では、原典テクストの semantic unit の提示順と一致させて、関係節を付加する形を取った。そして、「「このぼくは」と王子さまは言葉をつぎました。「花を所有している。その花に、ぼくは毎日水をやる。ぼくは火山を三つ所有している。その火山にぼくは毎週、煤《すす》払《はら》いをしてやる。」」（八二―八三頁）と訳した。

王子さまとバラの花とのことを語る第Ⅷ章の冒頭付近に次のような一節がある。

◇Il y avait toujours eu, sur la planète du petit prince, des fleurs très simples, ornées d'un seul rang de pétales, et qui ne tenaient point de place, et qui ne dérangeaient personne. (Pléiade, t. 2, chap. VIII, p. 256)

There had always been, on the little prince's planet, very simple flowers, adorned with only one ring of petals, and which took up no room at all, and which troubled nobody.

直訳「王子の惑星には、これまでも常に、花びら一列のみで飾られた、場所を取らない、誰も煩わせることのない、きわめて素朴な花々があった」。拙訳「王子さまの惑星《わくせい》には、とても素朴《そぼく》な花なら、ずっと以前から、ちらほら咲《さ》いていました。花びらもたった一列だけ。とても小ぶりで、まるでじゃまにならない花たちでした。」（四七頁）。フランス語原文は Il y avait toujours eu [...] des fleurs très simples（There had always been [...] very simple flowers）「王子の惑星には、これまでも常

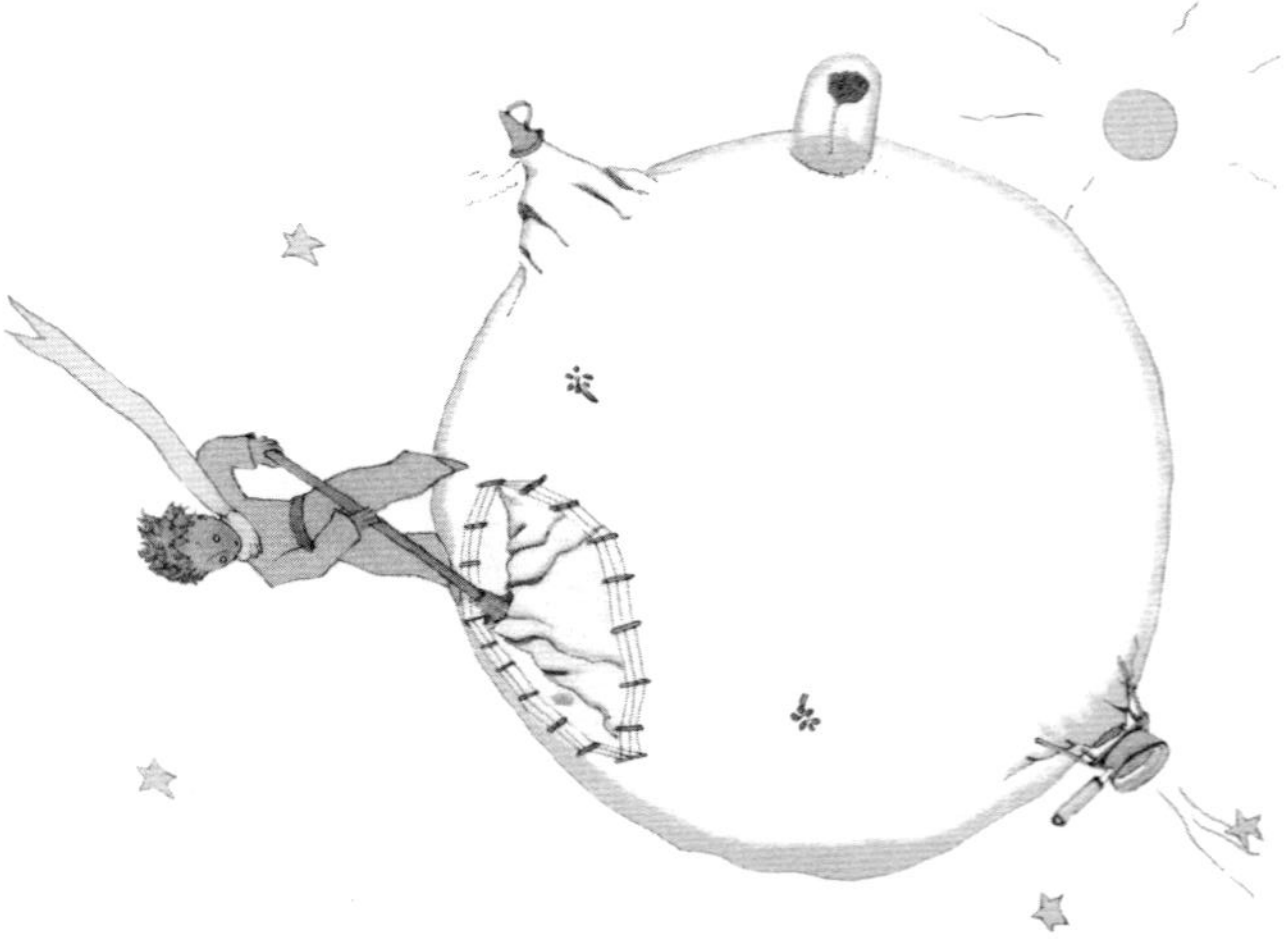

に〔……〕きわめて素朴な花々があった。」、ornées d'un seul rang de pétales（adorned with only one ring of petals）「花びら一列のみで飾られた」、et qui ne tenaient point de place（and which took up no room at all）「場所を取らない」、et qui ne dérangeaient personne（and which troubled nobody）「誰も煩わせることのない」の四つの部分に分かれる。それをそのまま四つの単文にして訳すことは可能だが、それではかえって煩わしくなる。そこで、拙訳では、qui ne tenaient point de place, et qui ne dérangeaient personne（and which took up no room at all, and which troubled nobody）「場所を取らない、誰も煩わせることのない」を、フランス語原文と同じ一文で「とても小ぶりで、まるでじゃまにならない花たちでした。」と処理し、当該箇所全体を三つの文に分割している。

ornées d'un seul rang de pétales（adorned with only one ring of petals）「花びら一列のみで飾られた」は過去分詞 ornées（adorned）に導かれる分詞節だが、こうした分詞節も関係節と同じように付加的に処理するのがよい場合が多い。拙訳ではこの部分はそのようにし、さらに、文を独立させて「花びらもたった一列だけ。」と訳した。

関係節などをコンパクトにする。あるいは、変化に乏しい文末表現（文末は状況補語のことが多く千変万化な西欧語に比べて、文末に基本的には必ず述語動詞が来る日本語では「だ。」「である。」「だった。」などと文末が単調になりがちである）に少しでも変化をつける。こうしたことを実現するために、「一列だけ。」などの体言止めまたはそれに近い表現は有効である。

さらに、単数・複数の区別が明確でない日本語において、西欧語の単数・複数の区別をことさら明確にする必要がある場合には、なんらかの工夫をしなければならない。詳しくは後述するが、ここでは、「花」の複数形 des fleurs を、「ちらほら咲いていました」と「ちらほら」という副詞に変換して表した。この章では、すぐに登場するバラの花が言葉を喋るなどして、いわば擬人化されているので、もう一箇所では、人間や動物に用いる複数表現で「花たちでした。」とした。この部分の拙訳「とても小ぶりで、まるでじゃまにならない花たちでした。」は「花たちでした。」にその前の節がかかり、複文構造ではある。しかしながら、そのあと「花たちでした。」という具合に短く文章が終わっているので、煩わしさを免れている。このようなケースでは複文構造を取ることも可能である。

同じような複文構造を取りうる例をもう一つ挙げておこう。代名詞を先行させて、その内容をあとで示す原文の構文を尊重するためもあって、倒置を使い、少しばかり手の込んだ例ではあるが。

◇Il était là, dressé vers le petit prince, un de ces serpents jaunes qui vous exécutent en trente secondes. (Pléiade, t. 2, chap. XXVI, p. 310)

There, rearing towards the little prince, was one of those yellow snakes that can execute you in thirty seconds.

直訳「王子さまに向かって立ちあがり、三十秒であなたを処刑する、あの黄色いヘビの一匹がそこにいた」。拙訳「王子さまに向かって首をもたげて、そこにいるではありませんか、噛《か》まれたが最後、三十秒で絶命《ぜつめい》してしまう、あの黄色いヘビの一《いっ》匹《ぴき》が。」（一四八頁）。冒頭の Il était là（There）「そこにいた」と順序を入れ替えて、過去分詞に導かれる分詞節 dressé vers le petit prince（rearing towards the little prince）をまず最初に訳した。そのあとでも、関係節 qui vous exécutent en trente secondes（that can execute you in thirty seconds）「噛《か》まれたが最後、三十秒で絶命《ぜつめい》してしまう」をまず訳したうえで、先行詞 un de ces serpents jaunes（one of those yellow snakes）を訳し、複文構造を維持している。それがここでの翻訳としておそらく最適であろうとの判断からである。

semantic unit の提示順を原典テクストと一致させるのが肝要である。この原則を示す実例をいくつか挙げたあと、これに反する例も付け加えたわけである。これは、翻訳技術の実践で最も警戒すべき、ワンパターンの墨守を戒めるためでもある。

7　思考の流れの再現（3）——従属節や挿入句の処理法

savoir（知る）、dire（言う）、penser（考える）、croire（思う）、supposer（推測する）、être sûr（確信している）などのあとに接続詞 que に導かれる従属節が来る場合は、「次のように（承知している、言う、考える、思う、推測する、確信する）。」などとしておいて、そのあとの文章を独立させる。あるいは、「承知していることだが……、（人）が言うには……、考えるに……、思うに……、推測するに……、確信するところでは……」などとして思考の流れ（semantic unit の順序）に沿った訳文にするのが一般的な処理法である。また、文章を倒置することも有効性が高い。さらに、にもかかわらず、一文がどうしても長くなってしまう場合は適宜、「——」で挿入句を挟むか、挿入句を「（　）」に入れるかすると、分かりやすさが保たれる。

◇Je savais bien qu'en dehors des grosses planètes comme la Terre, Jupiter, Mars, Vénus, auxquelles on a donné des noms, il y en a des centaines d'autres qui sont quelquefois si petites qu'on a beaucoup de mal à les apercevoir au télescope. (Pléiade, t. 2, chap. IV, p. 244)

I knew very well that besides the big planets, such as the Earth, Jupiter, Mars, Venus, to which we have given names, there are hundreds of others, which are sometimes so

small that one has trouble seeing them through the telescope.
直訳「人が名前を与えた、地球、木星、火星、金星のような大きな惑星のほかに、時として小さいので人が望遠鏡で見つけるのに大変な苦労をする何百もの他の惑星があることをぼくはよく知っていたからだ」。拙訳「ぼくは百も承知《しょうち》だったからです、名前がついている地球や木星や火星や金星といった大きな惑星《わくせい》のほかに、小さな惑星が何百もあることを。なかには小さすぎて、望遠鏡でもなかなか見つけられない惑星もあるということを。」（二三—二四頁）。

まず接続詞 que に導かれる節 qu'en dehors des grosses planètes [...] il y en a [...] au télescope（that besides the big planets [...] there are [...] through the telescope）「人が名前を与えた、〔……〕何百もの他の惑星があることを」を訳し、冒頭の Je savais bien（I knew very well）「ぼくはよく知っていたからだ。」を最後にもっていくのが「欧文和訳」（「講読訳」）の常套手段である（先に示した直訳はそのように訳してある）。これが日本語文として煩雑で分かりにくいのは誰の目にも明らかであろう。

拙訳では、原典テクストの思考の流れに沿って、冒頭の Je savais bien（I knew very well）「ぼくはよく知っていたからだ。」を（bien の意味を酌んで、よりこなれた日本語表現で「ぼくは百も承知《しょうち》だったからです、」と）まず訳した。そして、そのあとの接続詞 que に導かれる節を「……ことを。」と倒置文にして掲げた。その際、qui sont quelquefois si petites...「時として小さいので……」は、副詞 quelquefois「時として」を「小さな惑星のなかには」と解して「なかには小さすぎて、望遠鏡でもなかなか見つけられない惑星もあるということを。」とした。このように訳すことで、接続詞 que に導かれる節を「……小さな惑星が何百もあることを。」と「なかには小さすぎて、望遠鏡でもなかなか見つけられない惑星もあるということを。」の二つの文に分割でき、煩雑さをさらに避けることができたはずである。

なお、関係節 auxquelles on a donné des noms（to which we have given names）「人が名前を与えた」部分は原典テクストでもコンパクトなので、そのまま複文で訳したが、いっそうコンパクトになるように努め、拙訳では「名前がついている」とした。

要するに、原典テクストの思考の流れ（semantic unit の順序）に沿いながら、各 semantic unit をなるべく簡潔に表現し、読者の頭に物事を刻みつけるようにするのが読みやすさの秘訣と言える。

むろん、この場合もワンパターンの墨守は戒められる。semantic unit の順序に沿う「順行訳」の例外、特に接続詞 que に導かれる節が短い場合を次に示そう。

王子さまと出会って五日目に、自分の星で、ヒツジがバラの花を食べてしまいはしないかと、王子さまが心配をする。その心配を飛行士がなかなか我がことのように思えないくだりである。

◇Je ne savais comment l'atteindre, où le rejoindre... (Pléiade, t. 2, chap. VII, p. 256)

I did not know how to reach him, where to rejoin him...

直訳「どのように王子に触れるか、どこで王子といっしょになるか、分からなかった……。」を、拙訳でも Je ne savais（I did not know）「分からなかった」を最後にもって行って、「いったいどうしたら王子さまの心に触《ふ》れ、王子さまの心に寄《よ》り添《そ》えるか、分かりませんでした……。」（四六頁）と訳した。

砂漠で井戸を求めて歩きながら、王子さまと飛行士が水について話す場面の訳を見てみよう。

◇Je savais bien qu'il ne fallait pas l'interroger. (Pléiade, t. 2, chap. XXIV, p. 303)

I knew very well that it was not permitted to question him.

直訳「王子には尋問すべきでないことは分かっていたから。」を、拙訳でも Je savais bien（I knew very well）「分かっていたから」を最後にもって行って、「王子さまには、しつこくきいてはいけないことは分かっていましたから。」（一三四—一三五頁）と訳した。

8　間接話法を直接話法に変換する

「コンソメ文化」のフランス語においては、話者が外界を自分の頭で理解し、自分が理解した事柄として自分の言葉で表現する。だから、他者の言葉を表現する際にも間接話法が好んで用いられる。それに対して、「刺身文化」の日本語では、現実になるべく手を加えず、言葉で現実を再現しようとする傾向が強い。そのために、直接話法が好んで用いられる。この両文化、両言語の特徴をふまえることが、翻訳においても——というよりも翻訳においてこそ——重要である。

こうした翻訳における直接話法の重視はほぼ常識化していると言って差し支えない。『英文翻訳術』において、安西徹雄は「少なくとも私の経験からすると、日本語では直接話法を生かすことが非常に効果的であるように思える(9)」と言っている。それのみならず、「かならずしも話法（Narration）に関係がない場合でも、あたかも直接話法が用いられているかのように発想を転換してみることで、訳文が生き生きと起きあがってくる」（同書二二八頁）場合があるとしている。また、自身の翻訳技術論『翻訳仏文法』において、鷲見洋一はこのような話法の処理について「安西徹雄氏の『英文翻訳術』に負うところが大きい(10)」と安西の認識の正しいことを認めている。

というわけで、フランス語の間接話法を日本語の直接話法に変換すること、そして、それだけでなく、フランス語の原典テクストの中に直接話法への変換可能性を発見することが、日本語らしい翻訳の要件となる。

ただ、日本語で最初から書かれた小説でも、「……と誰々は言った、思った」と発話行為などの背景説明はあとに来ることがよくある。むしろ、これが日本語の自然な流れなので、翻訳でも、原典テクストの思考の流れに沿う一般的な処理法と異なっても差し支えない。

間接話法を直接話法に変換した例をいくつか挙げてみよう。

◇Je fis remarquer au petit prince que les baobabs ne sont pas des arbustes, mais des arbres grands comme des églises et que, si même il emportait avec lui tout un troupeau d'éléphants, ce troupeau ne viendrait pas à bout d'un seul baobab. (Pléiade, t. 2, chap. V, p. 248)

I pointed out to the little prince that baobabs were not bushes but trees as big as churches and that even if he took a whole herd of elephants with him, the herd would not eat up one single baobab.

直訳「バオバブが低木ではなく、教会の建物のように大きな木であること、そして、たとえ彼がゾウの群れをまるごと一つ彼とともに連れていったとしても、その群れがたった一本のバオバブを食べつくすには至らないだろうことをぼくは王子に指摘した」。拙訳「王子さまにぼくは言ってあげました。「バオバブは小さな木なんかじゃないよ。それどころか、教会の建物みたいに大きな木さ。だから、君がゾウの群《む》れをまるごと自分の星に連れていって、その群れが寄《よ》ってたかっても、一本のバオバブの木を食べつくすなんてできっこないんだよ」と。」（三一頁）。que（that）に導かれる二つの従属節——すなわち、従属節 que les baobabs...（that baobabs...）「バオバブが……」と従属節 que, si même il...（that even if he...）「たとえ彼が」——を、三人称 il「彼」を二人称にするなどして、会話体の直接話法に変換したわけである。その際、当然ながら、単文および重文を用いて、さらに三つの文に分割した。

◇Et un jour il me conseilla de m'appliquer à réussir un beau dessin, pour bien faire entrer

ça dans la tête des enfants de chez moi. (Pléiade, t. 2, chap. V, p. 250)
And one day he advised me to take great care to make a beautiful drawing, so as to impress this fact upon the children where I live.

直訳「ぼくのところの子どもたちの頭にそれをしっかりと入れさせるために、美しい絵をうまくかくことに専念するように、ある日、王子さまはぼくに忠告した」。拙訳「ある日、王子さまはぼくに「がんばって、すてきな絵をかいてさ。地球の子どもたちの頭に、その絵をしっかりと刻《きざ》みつけるんだよ」と勧《すす》めてくれました。」（三五頁）。見て分かるように、拙訳では de m'appliquer à réussir un beau dessin「美しい絵をうまくかく

ことに専念するように」以下を直接話法に変換して訳している。pour bien faire entrer ça「それをしっかりと入れさせるために」という目的のところを、「……絵をかいてさ。」と直前で文章を切ることまでして独立させて、「地球の子どもたちの頭に、その絵をしっかりと刻《きざ》みつけるんだよ」と自然な話し言葉で結果にして訳している。

◇Vous leur [les grandes personnes] conseillerez donc de faire le calcul. (Pléiade, t. 2, chap. XVII, p. 285)

You should therefore advise them [the grown-ups] to do the calculation.

直訳「だから、君たちは計算するようにおとなたちに忠告するべきだ」。拙訳「だから、君たちはおとなたちに「計算をしてみてください」と勧《すす》めるのがよいでしょう。」(一〇一頁)。conseillerez は conseiller の単純未来形であって、二人称で使われていることから、命令法に近い意味になる。

出会った直後に王子さまにせがまれて、飛行士がヒツジの入った箱の絵をかいてあげたところ、王子さまが発した質問の訳を次に掲げる。

◇Crois-tu qu'il faille beaucoup d'herbe à ce mouton ? (Pléiade, t. 2, chap. II, p. 241)

Do you think this sheep needs a great deal of grass?

直訳「このヒツジには多くの草が必要だと君は思うか?」。拙訳「このヒツジ、たくさん草、食べるかなあ?」(一七頁)。croire(think)「思う」内容を叙述する que(that)以下の従属節「このヒツジには多くの草が必要だと」を、王子さまの発した言葉であることを考慮して、「このヒツジ、たくさん草、食べる」と自然な直接話法にし、さらに、Crois-tu... ?（Do you think...?）を「かなあ?」と訳した。

ヘビと秘密の話などをしたりして、王子さまの身に何か危険なことが起こるのではないか。次は、そんな漠然とした不安を飛行士が感じるところである。

◇Je sentais bien qu'il se passait quelque chose d'extraordinaire. [...] il me semblait qu'il coulait verticalement dans un abîme sans que je puisse rien pour le retenir... (Pléiade, t. 2, chap. XXVI, pp. 310-312)

I sensed clearly that something extraordinary was happening. [...] it seemed to me that he was sinking vertically into an abyss from which I could do nothing to restrain him...

直訳「異常な何かが起こっていることをぼくはよく感じていた。〔……〕彼を引き留めるためにぼくが何もできないままに、彼が深淵のなかに垂直に沈むようにぼくには思われた……」。拙訳「なにか、ただならぬことが起こっている、とぼくは胸騒《むなさわ》ぎがしました。〔……〕王子さまは底なしの深みに真《ま》っ逆《さか》さまに落ちてゆき、ぼくにはどうにも止められない。そんな思いがしてなりませんでした……。」（一五一頁）。

qu'il se passait（that something was happening）「起こっていることを」以下の従属節を拙訳では「なにか、ただならぬことが起こっている」と直接話法にして訳した。そのうえで、Je

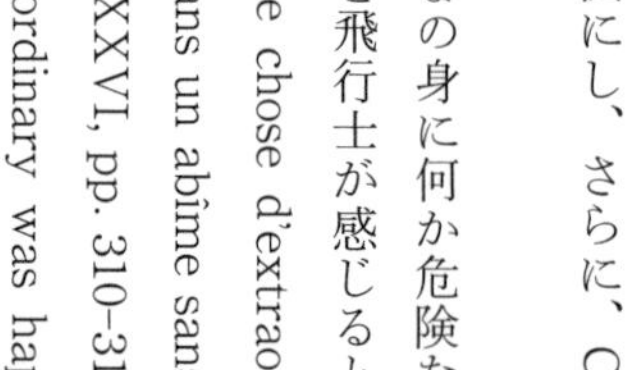

sentais bien（I sensed clearly）「ぼくはよく感じていた。」をコンテクストも酌んで「……とぼくは胸騒《むなさわ》ぎがしました。」とした。次のセンテンスの qu'il coulait（that he was sinking）以下の従属節も「王子さまは底なしの深みに真《ま》っ逆《さか》さまに落ちてゆき、ぼくにはどうにも止められない。」と直接話法にし、かつ、文章を切って訳した。さらに、il me semblait（it seemed to me）「ぼくには思われた」は文章を改めて「そんな思いがしてなりませんでした……。」とした。なお、sans que je puisse（from which I could）以下の節「彼を引き留めるためにぼくが何もできないままに、」は、原典テクストの思考の流れに沿う一般的な処理法によって、「……落ちてゆき、ぼくにはどうにも止められない。」と訳した。

9　直接話法への変換可能性の発見

フランス語の原典テクストの中に、直接話法への変換可能性を発見する。これは、「あたかも直接話法が用いられているかのように発想を転換してみることで、訳文が生き生きと起きあがってくる」と安西も強く推奨する翻訳技法である。こうした翻訳技法の例をいくつか挙げておこう。

王子さまがにっこりと笑ったり、ヒツジをほしがったりしたこと。そうしたことを、王子さまが実在した証拠として、子どもから告げられた場合に、おとなたちが示す反応。最初の例は、それを語るところである。

◇[...] elles [les grands personnes] hausseront les épaules et vous traiteront d'enfant !

(Pléiade, t. 2, chap. IV, p. 246)

[...] they [grown-ups] will shrug their shoulders, and will treat you like a child!

直訳「〔……〕おとなたちは肩をすくめて、君たちを子ども扱いするでしょう!」。拙訳「〔……〕おとなたちはきっと肩《かた》をすくめて、「まだまだ子どもだね」って君たちをたしなめるでしょう。」(二七頁)。elles vous traiteront d'enfant (They treat you like a child)「君たちを子ども扱いするでしょう」を直接話法に変換して「「まだまだ子どもだね」って君たちをたしなめるでしょう」と訳した。

次は自分の星で、王子さまがバラの花にてこずらされたエピソードの一つ。ついうっかり、つまらない嘘をつきそうになった自分を見られて、バラの花が恥ずかしくなり、王子さまに責任を転嫁するところである。

◇[...] elle avait toussé deux ou trois fois, pour mettre le petit prince dans son tort.

(Pléiade, t. 2, chap. VIII, p. 259)

[...] she had coughed two or three times, so as to put the little prince in the wrong.

直訳「王子をその過ちに位置づけるべく、花は二、三度咳をした」。拙訳「これも、あなたのせいよ、と王子さまに言わんばかりに花は二度、三度と咳《せき》をしました。」(五一頁)。pour mettre le petit prince dans son tort（so as to put the little prince in the wrong）「王子をその過ちに位置づけるべく」というパッセージを直接話法に変換して、「これも、あなたのせいよ、と王子さまに言わんばかりに」と処理した。

◇Il commença donc par les [les astéroïdes] visiter pour y chercher une occupation et pour s'instruire. (Pléiade, t. 2, chap. X, p. 262)

He began therefore by visiting them [the asteroids] to look for some occupation there and to educate himself.

直訳「それらの小惑星で用事を探すためと学ぶために、王子はそれらを訪ねることから始めた」。拙訳「なにか役に立ってあげられることはないか、なにか勉強になることはないか。そう思って、王子さまは手始めに、そうした小惑星を訪《たず》ねて回ることにしました。」（五九頁）。pour y chercher une occupation「それらの小惑星で用事を探すため」というところを拙訳は「なにか役に立ってあげられることはないか」と――une occupation「用事」という名詞を「なにか役に立ってあげられること」と動詞化すると同時に――「……はないか」と直接話法に変換している。次の pour s'instruire（to educate himself）「学ぶために」部分を拙訳は「なにか勉強になることはないか」と直接話法にしている。そのうえで、この二つの部分をまとめ、かつ目的を表す前置詞 pour（英直訳では不定詞を使用）を動詞化して、「そう思って、」と訳している。commença par …（began by …）「……することから始めた」も「手始めに……することにしました」と自然な日本語にしている。

次は、王様の星で、王様が星たちを、ひいては全宇宙を支配していると聞かされたときの王子さまの反応である。

◇Un tel pouvoir émerveilla le petit prince. (Pléiade, t. 2, chap. X, p. 264)

The little prince marveled at such power.

直訳「このような権力が王子を感嘆させた」。拙訳「こんな権力《けんりょく》はすごい、と王子さまは感心しました。」（六四頁）。拙訳では、動詞émerveiller（「感嘆させる」、英語では構文が異なり、人が主語となってmarvel at～で、「人が～に感嘆する」となっている）を「……はすごい、と感心しました」と直接話法化するとともに、主客を逆転させて、「このような権力」の代わりに王子さまを主語にして訳した。

ほかの星の住人たちと違って、

ガス灯の点灯夫だけが滑稽に思われない、ただ一人の人物だが、如何せん星が小さすぎて、王子さまがいっしょに住むわけにはいかない。そんな思いを王子さまが抱くところを見てみよう。

◇Il eut un soupir de regret [...]. (Pléiade, t. 2, chap. XIV, p. 278)

He breathed a sigh of regret [...].

直訳「王子は遺憾のため息をついた〔……〕」。拙訳「残念だなあ、と王子さまはため息をつきました〔……〕。」（八九頁）。de regret（of regret）「遺憾の」の部分を「残念だなあ、と」と直接話法化した。

王子さまに井戸を探そうと言われたものの、広大な砂漠で井戸など探しても無駄だと思って、飛行士が示した反応が次である。

◇J'eus un geste de lassitude [...]. (Pléiade, t. 2, chap. XXIV, p. 303)

I made a gesture of weariness [...].

直訳「ぼくは倦怠の仕草をした〔……〕」。拙訳「ぼくは、そんな気になれないなあ、という素振《そぶ》りをしました〔……〕。」（一三三―一三四頁）。un geste de lassitude（a gesture of weariness）「倦怠の仕草」では意味がはっきりしないので、これを「そんな気になれないなあ、という素振《そぶ》り」と直接話法化して訳している。

10　品詞の転換（1）——所有形容詞を主語名詞に、形容詞を副詞に

西欧語と日本語とでは、構文も、言い回しも、文法上の仕組みもまったくと言ってよいほど異なる。にもかかわらず、直訳に近いことを重んずる講読訳では、しばしば品詞を固定して、例えば、名詞は名詞として、動詞は動詞として、形容詞は形容詞として、副詞は副詞として訳す。このようなことは出版訳では行わない、つまり、しばしば品詞を変えて訳すのが常識である。

名詞の中に動詞を読みとり、動詞表現化して訳すことは「コンソメ文化」と「刺身文化」の違いをふまえて、すでに詳述した。また、un geste de lassitude（a gesture of weariness）「倦怠の仕草」を「そんな気になれないなあ、という素振り」と直接話法化して訳す際にも、「倦怠の」という名詞部分を「そんな気になれないなあ、という」と動詞表現化していた。

ところで、名詞を動詞表現化する場合に、その名詞に所有形容詞が付いていることがよくある。そのようなときには、所有形容詞の内容を——動詞化された述語部分の、往々にして主語として——的確に表現する必要がある。

◇J'entrevis aussitôt une lueur, dans le mystère de sa présence [...]. (Pléiade, t. 2, chap. III, p. 242)

Immediately I caught a glimpse of light in the mystery of his presence [...].

直訳「彼の存在の謎の中に、すぐにぼくは微光を垣間見た〔……〕」。拙訳「なぜ王子さまがここにいるのか、その謎《なぞ》に少しばかり光が見えた気がしました〔……〕。」（一九頁）。sa présence（his presence）「彼の存在」の名詞 présence（presence）「存在」を「なぜ……ここにいるのか」と直接話法に変換して動詞表現化する際に、所有形容詞 sa（his）「彼の」を「王子さまが」と（名詞化して）主語にしたのである。

◇J'aurais dû deviner sa tendresse derrière ses pauvres ruses. (Pléiade, t. 2, chap. VIII, p. 259)

I should have guessed her tenderness behind her pitiful tricks.

直訳「彼女の哀れな手練手管の裏に彼女のやさしさをぼくは見抜くべきだったのだが」。拙訳「かわいそうに、花はあれこれずるい言い方をしたけれども、そんなずるい言い方の裏《うら》に、花のやさしい心がちゃんとある。そうぼくは分かってあげなくてはいけなかったんだ。」（五三頁）。ses pauvres ruses（her pitiful tricks）「彼女の哀れな手練手管」の名詞 ruses（tricks）「手練手管」を——所有形容詞 ses（her）「彼女の」を「花は」と主語として加え——「花はあれこれずるい言い方をしたけれども、

そんなずるい言い方」と重文構造で動詞表現化した。

また、そのとき、形容詞 pauvres（pitiful）を副詞に変換して「かわいそうに」としたことにも注意しよう。名詞を動詞化したからこそ、形容詞が容易に副詞化できたのであって、このような形容詞の副詞化もよく使われる技法である。

sa tendresse（her tenderness）「彼女のやさしさ」については、「花がやさしさを持っている」とする代わりに、より的確に「花のやさしい心がちゃんとある」と動詞表現化したが、ここでは、所有形容詞を主語名詞に転嫁はしなかった。臨機応変の処理が求められるのである。

「そうぼくは分かってあげなくてはいけなかったんだ。」で使用した「あげる」であるが、これは、既述したように、日本語では「空間」ないし「社会」における、その構成員の位置づけが常に意識されることによる。他者から自己に対する好意的な行為には我々は「……してもらう」を好んで用い、自己から他者に対する好意的な行為には「……してあげる」を好んで用いることも思いだしていただきたい。

11　品詞の転換（2）——形容詞・副詞の述語的翻訳

『英文翻訳術』で安西は「述語的に訳したほうがよい形容詞・副詞」として、no〜、many〜、

few〜、much〜、little〜、some〜、sometimes などを挙げている（同書一二〇―一二六頁）。安西の挙げる例で言えば、Some fish can fly を「ある魚は飛ぶことができる」とか、「いくらかの魚は飛ぶことができる」としたのでは、英文和訳としてはともかく、翻訳としてはいかにもぎこちない」ので、「飛ぶことのできる魚もある」または「魚の中には、飛べるものもいる」と訳すのがよいというのである（同書一二五頁）。

これをフランス語に応用すれば、aucun(e)〜ne…は「いかなる〜も……ない」ではなく「……する〜は何もない（誰もいない）」、beaucoup de〜は「多くの〜が……する」ではなく「……する〜は多い、大勢いる」、un peu de〜は「少しの〜が……する」ではなく「……する〜は少ない」、peu de〜は（きわめて不自然な）「ほとんどない〜が……する」ではなく「……する〜はほとんどない」、quelques〜は「いくらかの〜は……する」ではなく「……する〜もある（いる）」、quelquefois は「ときには……する」ではなく「……することもある」とするほうがよいとなる。

例を挙げてみよう。第XXVII章、すなわち、（飛行士から読者へのメッセージのみを残す）『星の王子さま』物語部分の最後のセンテンスである。

◇Et aucune grande personne ne comprendra jamais que ça a tellement d'importance !

(Pléiade, t. 2, chap. XXVII, p. 319)

And no grown-up will ever understand that this has so much importance!

直訳「これがこれほどの重要さを持つことをいかなるおとなも決して分かることはないだろ

う！」。拙訳「こうしたことがこんなにも大切だなんて、おとなにはどうしても分かりっこないのです！」（二六五頁）

aucun(e) ~ ne … の部分を安西方式で述語化して訳せば、「……ことを分かる大人は一人もいないだろう。」となる。そうすると、ne … jamais（no … ever → never）「決して……ない」がうまく訳せなくなってしまう。そこで――この部分が、話し言葉の過去形である複合過去使用の第XXVII章にあることも考慮して――「……なんて、おとなにはどうしても分かりっこないのです！」と、aucun(e) ~ ne … と ne … jamais を重ね、さらに comprendra（will understand）という単純未来の意味（話者の強い意志ないし意見の表明）も取りこんで、「どうしても……っこないのです！」と訳した。

ça a tellement d'importance「これがこれほどの重要さを持つ」部分では、beaucoup de ~「多くの~が……する」に類似する tellement de ~「これほどの~が……する」が使われている。この部分については――「それが持つ重要さがこれほどだ」などと安西方式では無理があるので――「こうしたことがこんなにも大切だ」というふうに、「大切だ」と形容動詞化することで述語的に訳しているわけである。

述語的に訳すことを念頭に置きつつ、あとはケースバイケースで、その場に最適の処理を考えるのが肝要である。

12　品詞の転換(3)——形容詞の副詞化

安西は all や each が形容詞として使われた場合の all〜や each〜の訳について、「副詞に訳したほうが、日本語として坐りのいい場合が多いことは事実であるように思う」[11]と述べている。安西の挙げる例で言えば、He has lost all his money は「彼はすべての金を失った」と訳すよりも、「金をみんな(すっかり、全部)なくしてしまった」と訳したほうがよい(同上)としている。また、each〜の例としては、Each country has its own customs を挙げ、「それぞれの国には、特有の習慣がある」ではなく、「国にはそれぞれ、特有の習慣がある」[12]と副詞の形で訳すことを勧めている。

これについてはフランス語でも同じことが言える。つまり、all〜に当たるフランス語 tout(toute, tous, toutes)〜も、each〜に当たるフランス語 chaque〜も副詞的に訳したほうがよいのである。だが、その場合、tout(toute, tous, toutes)〜のほうが chaque〜よりもはるかに翻訳の難易度が高く、また、処理法も多様である。そこで、ここでは、特に一筋縄ではいかない tout(toute, tous, toutes)〜の例を扱うことにする。

ここで、tout(toute, tous, toutes)〜のフランス語としての意味の違いをおさらいしておこう。

(1)単数形で tout(あるいは女性形 toute)＋定冠詞(あるいは不定冠詞)＋名詞は、その単数名詞の包括する全体、「まるごと」を指す。(2)複数形で tous（あるいは女性複数形 toutes）＋定冠詞（あるいは所有形容詞、または指示形容詞）＋名詞は、名詞の意味するものが大量にすべて集合した全体を指す。(3)単数形で tout（あるいは女性形 toute）＋（無冠詞）名詞は、名詞の意味するもの一つ一つが全体を代表して、「どんな〜も」という意味になり、(1)よりは(2)に近い。

こう記しただけでは分かりにくいので、nation「国民」を例に取って説明しよう。(1) toute la nation は単一の国の国民全体、「その国、一国の国民全体」すなわち「全国民」を指す。(2) toutes les nations は「世界中のすべての国々の国民」すなわち「万国民」を指す。(3) toute nation は「どの国の国民も」を指し、構成要素一つに着目するか、構成要素すべての集合に着目するかは別として、(2)に近い意味になる。

まず、(1)〈tout（toute）＋定冠詞（不定冠詞）＋名詞〉の例を示すことにする。バオバブの巨木について、飛行士が王子さまにする説明である。これは、8〈間接話法を直接話法に変換する〉の節で、すでに例示したものの一部であり、したがって、三人称 il（he）が二人称に変換などしてある。

◇[...] si même il emportait avec lui tout un troupeau d'éléphants, ce troupeau ne viendrait pas à bout d'un seul baobab. (Pléiade, t. 2, chap. V, p. 248)

[...] even if he took a whole herd of elephants with him, the herd would not eat up one single baobab.

直訳「たとえ彼がゾウの群れをまるごと一つ彼とともに連れていったとしても、その群れがたった一本のバオバブを食べつくすには至らないだろう」。拙訳「君がゾウの群《む》れをまるごと自分の星に連れていって、その群れが寄《よ》ってたかっても、一本のバオバブの木を食べつくすなんてできっこないんだよ」（三一頁）。この中の tout un troupeau d'éléphants（a whole herd of elephants）をすでに直訳においても「ゾウの群れをまるごと」としているわけである。拙訳では、さらに、ce troupeau（the herd）「その群れ」に、「その群れが寄ってたかっても」と「寄ってたかっても」を加えることによって、tout un troupeau d'éléphants（a whole herd of elephants）の tout の意味を補強している。

同じく(1)型の例である。

◇Il [le baobab] encombre toute la planète. (Pléiade, t. 2, chap. V, p. 249)

It [the baobab] occupies the whole planet.

直訳「それは惑星全体を塞ぐ」。拙訳「惑星《わくせい》じゅうに広がってしまうのです。」（三四頁）。もう一つ(1)型の例を挙げる。王子さまが飛行士に語る「赤ら顔の男がいる星」（四三頁）の話である。

◇Et toute la journée il répète comme toi [...]. (Pléiade, t. 2, chap. VII, p. 255)

And all day he repeats like you [...].

直訳「そして、一日中、彼は君のように繰り返している〔……〕」。拙訳「朝から晩《ばん》まで、君と同じことをのべつ幕《まく》なしに言っている〔……〕。」（四四頁）。toute la journée（all day）「一日中」を、読者によりはっきりと伝わるように、ある種慣用表現を使って「朝から晩まで」とした。さらに、il répète（he repeats）「彼は繰り返す」を――toute la journée（all day）「一日中」の意味もこめて「のべつ幕《まく》なしに」を使い――「のべつ幕なしに言っている」とした。

(2)〈tous（toutes）＋定冠詞（所有形容詞、指示形容詞）＋名詞〉の例に移ることにしよう。第Ⅶ章（四五頁）、第ⅩⅦ章（一〇三頁）、第ⅩⅪⅤ章（一三四頁、一三五頁）、第ⅩⅩⅤ章（一四一頁）、第ⅩⅩⅥ章（一五三―一五六頁、一五九頁）、第ⅩⅩⅦ章（一六三頁）と頻繁に登場する toutes les étoiles（Pléiade, t. 2, p. 256, p. 312, etc.）（英直訳 all the stars）である。キーワードに準ずる語ということもあり、これには毎回（ほぼ）同じ訳語「満天の星」（一〇三頁、一三四頁、一三五頁）ないし「満天の星という星」（四五頁、一五三―一五五頁）を当てた。これは、地平線から地平線まで一八〇度、ぐるっと周りじゅう三六〇度、半球状の夜空一面に広がる星々を表す慣用表現であり、このキーワードに準ずる語を表すのに最適であると判断したからである。〈tous（toutes）＋定冠詞（所有形容詞、指示形容詞）＋名詞〉の訳語としては、講読訳では「あらゆる～」とか「すべての～」がよく使われる。これを日本語らしくするために有効なのが、ここで「星という星」の形で示した「～という～」のパターンである。これは記憶しておいてよい。また、単に形容詞を副詞化するだけで容易に処理できる方法として、「～はことごとく」「～は何から何まで」などもある。

この(2)型の日本語らしい訳し方としては他には、類似の(3)〈単数形で tout（toute）＋（無冠詞）

名詞〉の方向に発想を転換して、（名詞の意味するもの一つ一つが全体を代表する表現の）「どんな～も」を用いるものがある。

その例を挙げておこう。

◇Et en effet, sur la planète du petit prince, il y avait, comme sur toutes les planètes, de bonnes herbes et de mauvaises herbes. (Pléiade, t. 2, chap. V, p. 248)

And indeed, on the little prince's planet, there were, as on all planets, good plants and bad plants.

直訳「実際、王子の星には、すべての星々においてと同じように、良い草と悪い草があった」。

拙訳「実際《じっさい》、王子さまの星には、どの星にもあるように、良い草と悪い草がありました。」（三三頁）。

comme sur toutes les planètes（as on all planets）「すべての星々においてと同じように」を、「どんな～も」のパターンで、「どの星にもあるように」と訳した。


同じような発想の転換によって、次のような訳し方も(2)型には可能である。

◇Mais tous ces travaux familiers lui parurent, ce matin-là, extrêmement doux. (Pléiade, t. 2, chap. IX, p. 260)

But all these familiar tasks seemed, on that morning, extremely lovely to him.

直訳「しかし、これらすべての慣れた仕事が、その朝は、極端になつかしく彼には思われた」。

拙訳「それだけに、かえって、いつもの、こうした作業の一つひとつが、その朝はむしょうにいとおしく思われたのです。」（五五頁）。tous ces travaux familiers（all these familiar tasks）「これらすべての慣れた仕事」を、（名詞の意味するもの一つ一つが全体を代表する表現の）「どんな〜も」に近い発想法によって、「いつもの、こうした作業の一つひとつ」と訳したのである。

同じような処理をもう一つ見ておこう。キツネが王子さまに自身の単調な日々の暮らしを語る場面である。

◇Toutes les poules se ressemblent, et tous les hommes se ressemblent. (Pléiade, t. 2, chap. XXI, p. 294)

All the chickens are alike, and all the men are alike.

直訳「すべてのニワトリが互いに似ており、そして、すべての人間が互いに似ている」。拙訳「ニワトリの一羽一羽がみんな似《に》たり寄《よ》ったりなのさ。それに、人間の一人ひとりもみんな似たり寄ったりさ。」（一一九頁）。

今度は(3)〈tout（toute）＋（無冠詞）名詞〉の例である。砂漠の真っ只中にいることを話者が語る部分である。

◇N'oubliez pas que je me trouvais à mille milles de toute région habitée. (Pléiade, t. 2, chap. II, p. 238)

Do not forget that I was a thousand miles away from

every inhabited region.

直訳「居住されたあらゆる地方から千マイルのところにぼくがいたことを忘れないでください」。拙訳「忘《わす》れないでください。ぼくがいたのは、人の住むどんな土地からも何千キロも離れたところでした。」（一二頁）。à mille milles de toute région habitée（a thousand miles away from every inhabited region）「居住されたあらゆる地方から千マイルのところに」を少し言葉を補って日本語らしくしたうえで、定石どおり「どんな〜も」を使って、「人の住むどんな土地からも何千キロも離れたところ」と訳した。

この(3)型の toute région habitée が意味の上で(2)型の toutes les régions habitées と交換可能であることは、まったく同じ事柄を別の箇所でサン＝テグジュペリが次のように toutes les régions habitées を用いて言っていることからも分かるというものである。

◇[...] le matin où je t'ai connu, il y a huit jours, tu te promenais comme ça, tout seul, à mille milles de toutes les régions habitées ! (Pléiade, t. 2, chap. XXV, p. 308)

[...] on the morning when I met you, a week ago, you were wandering around like that, all alone, a thousand miles away from all the inhabited regions!

直訳「〔……〕ぼくが君を知った朝、一週間前、あのように君が独りきりで、居住されたあらゆる地方から千マイルのところを歩いていた」。拙訳「〔……〕ぼくが君と初めて会った朝、一週間前、あんなふうに君が独《ひと》りぼっちで、人の住むどんな土地からも何千キロも離《はな》れたところを歩いていた」（一四四―一四五頁）。il y a huit jours「八日前」が「一週間前」という意味になることはご承知と思う（英直訳では a week ago としておいた）。フランス語では当該日そのものを数えるので「一週間前」は一日プラス七日すなわち「八日前」と表現する習慣である。mille milles（a thousand miles）「千マイル」は、マイルという長さの単位が日本ではなじみがなく――特に本書が（形式的には）「子どものための本」として書かれ、一応、児童書として翻訳することも考慮すると尚のこと――読者には分かりにくい（一般書、特に児童書では、学術書等では当然の注記は排除されるので、「マイル」に注を施すことはできない）。「千マイル」を約一六〇九キロメートルと換算し、その概数としての表現を尊重して、「何千キロも」とする。このように読者の無用な負担を避ける配慮をするのは翻訳の常識である。

もう一つ(3)型の例を挙げておこう。井戸の近くの崩れかけた石塀で、王子さまをヘビから助けた直後の場面である。

◇Je venais justement lui annoncer que, contre toute espérance, j'avais réussi mon travail !

(Pléiade, t. 2, chap. XXVI, p. 310)

I was just coming to tell him that, contrary to all expectations, my work had been successful!

直訳「あらゆる予想に反して、ぼくがぼくの仕事に成功したことを、ぼくはちょうど王子に知らせに来たのだった」。拙訳「今ちょうど、ぼくは王子さまに知らせようとやって来たのでした、うまくいかないと思っていた、修理《しゅうり》がうまくいったと。」（一五一頁）。contre toute espérance (contrary to all expectations)「あらゆる予想に反して」はフランス語ではある種成句となっているが、この「どんな予想にも反して」を「うまくいかないと思っていた」と動詞化して訳した。これは、さらに強調して「どうしてもうまくいかないと思っていた」あるいは「うまくいきっこないと思っていた」と訳してもよい。

13　名詞の単数・複数と冠詞

いうまでもなく、名詞の単数形・複数形の区別は日本語にはない。冠詞も日本語にはない。それに対して、フランス語をはじめ西欧語では名詞の単数形・複数形の区別も冠詞も存在するだけでなく、きわめて重要な役割を果たしている。講読訳に散見されるように、単数形を「一つの～」、複数形を「いくらかの～」と判で押したように訳すことがいかに日本語らしくないか。それは誰の目にも明らかであろう。冠詞についても、原典テクストにおけるその役割をその都度分析して、（冠詞を直接的に訳さない判断も含めて）訳文に的確に反映させなければならない。臨機応変の対応が求められるが、ここでは、利用価値の高い翻訳法をいくつか示すことにする。

まず、汎用性の高い基本的な処理法である。

名詞に定冠詞が付いていれば、それは話者と対話者（文章の場合は筆者と読者）の双方にとって既知の（特定の）物・事柄、あるいは抽象概念を表す。名詞に指示形容詞または所有形容詞が付いている場合も当然ながら既知の（特定の）事柄を表す。無理をすれば、既知の（特定の）物・事柄は「例の～」とか「件《くだん》の～」、抽象概念は「～というもの」とか「～なるもの」と言えなくもないが、これらはいかにも不自然であり、なるべくなら避けるべきである。複数形であることを明示するには、人間とか動物の場合は「～たち」と言いうるし、「いろいろな～」「様々な～」なども使いうる。「～がいろいろある」などの副詞への変換も役立つことがある。

名詞に不定冠詞や（非加算名詞に）部分冠詞が付いていれば、それは不特定の物・事柄を表す。これは基本的には「～する……がある」と訳せる。〈不定冠詞＋単数名詞〉は場合によって「とある～」などとも訳せる。〈不定冠詞＋複数名詞〉は「～たち」「何人もの～」「並みいる～」「大勢の～」「居並ぶ～」と訳せるが、「～が続く」「～が並ぶ」「～が居並ぶ」などと動詞化するのも有効なことがある。

実際にはどう処理すればよいのか。いくつか実例を拾ってみよう。

◇Si je vous ai raconté ces détails sur l'astéroïde B 612 et si je vous ai confié son numéro, c'est à cause des grandes personnes. Les grandes personnes aiment les chiffres. (Pléiade, t. 2, chap. IV, p. 245)

If I told you these details about the asteroid B 612 and confided its number to you, it is because of the grown-ups. Grown-ups love the figures.

直訳「ぼくが小惑星B612についてこれらの詳細を君たちに話し、その番号を打ち明けたとすれば、それはおとなたちのせいだ。おとなたちは数字が好きなのだ」。拙訳「小惑星B612について、こんなにあれこれ細かく話をし、番号まで明かすことになりましたが、それもこれもみんな、おとなたちのせいなのです。おとなたちは数字が好きですから。」（二六頁）。ces détails（these details）「これらの詳細」については、複数名詞 détails（details）を――「あれこれ」によって複数を表現しつつ――「あれこれ細かく」と副詞的に訳し、付随する動詞 raconter（tell）「語る」と組み合わせて、je vous ai raconté ces détails（I told you these details）全体を（指示形容詞 ces を「こんなに」と副詞化して）「こんなにあれこれ細かく話をし」とした。l'astéroïde B 612（the asteroid B 612）の定冠詞 le（the）、そして、les grandes personnes（the grown-ups）の定冠詞 les（the）は、前者が特定の物・事柄を表すこと、後者が抽象概念を表すことが「小惑星B612」「おとなたち」と言っただけで明白である。そこで、わざわざ「件《くだん》の小惑星B612」とか「おとなたちというもの」などと、この場合、不自然な日本語にはしなかった。les chiffres（the figures）の定冠詞 les（the）についても「おとなたちは数字が好きです」と言えば抽象概念であることは明白なので、わざわざ「数字なるもの」とはしなかった。

　それに対して、定冠詞があることで、ない場合と明らかに意味が違ってくるときには、当然ながら、それが分かるように工夫しなければならない。第I章冒頭近く、話者が幼少のころ、大蛇ボアが猛獣を丸呑みにする絵を本で見たことが語られるが、その本に記載されているとされる説明の一節である。

◇Ensuite ils ne peuvent plus bouger et ils dorment pendant les six mois de leur digestion.
(Pléiade, t. 2, chap. I, p. 235)

Afterwards they can no longer move and they sleep through the six months of their digestion.

直訳「そのあとで、それらはもはや動くことができず、それらの消化の六ヶ月のあいだ眠る」。拙訳「そうして、そのあとは動けなくなってしまいます。獲物を消化するのに六ヶ月かかりますが、その六ヶ月のあいだ眠《ねむ》りどおしに眠るのです」(六―七頁)。この文章で pendant les six mois de leur digestion (through the six months of their digestion) の six mois (six months) に定冠詞 les (the) が付いている。これは、たまたま六ヶ月かかって消化するということではなく、消化には六ヶ月という決まった時間がかかることを表す。この点を、一九四三年、仏語版初版とほぼ同時に同じニューヨークで刊行された英語版初版のキャサリン・ウッズによる英訳は的確に捉えている。この英訳は、pendant les six mois de leur digestion (through the six months of their digestion) という該当部分を関係節によって説明的に through the six months that they need for digestion (*The Little Prince*, translated from the French by Katherine Woods, 1943, p. 7)「それらが消化のために必要とする六ヶ月を通して」としているのである。日本語訳もこの点をしっかりと捉え、かつ表現しなければならないのはいうまでもない。

次に、定冠詞、不定冠詞ともに、ことさら翻訳する必要がない、あるいは、しないほうがよいケースをさらに詳しく見てみよう。

◇« Un mouton, s'il mange les arbustes, il mange aussi les fleurs ?
— Un mouton mange tout ce qu'il rencontre.
— Même les fleurs qui ont des épines ?
— Oui. Même les fleurs qui ont des épines.
— Alors les épines, à quoi servent-elles ? » (Pléiade, t. 2, chap. VII, p. 253)

"A sheep, if it eats bushes, does it eat flowers, too?"
"A sheep eats everything it comes across."
"Even flowers that have thorns?"
"Yes, even flowers that have thorns."
"Then the thorns, what use are they?"

直訳「「一匹のヒツジ、もしそれが低木なるものを食べるならば、それは花々なるものも同様に食べるのか？」／「一匹のヒツジはそれが出会うすべてのものを食べる」／「いくつかのトゲを持っている花々でさえも？」／「はい。いくつかのトゲを持っている花々でさえも」／「それでは、トゲなるもの、それらは何の役に立つのか？」」。

拙訳「「ヒツジはね、小さな木を食べるでしょ。だとすると、ヒツジは花だって食べるよね?」／「目の前にあるものはなんだって食べるよ」／「花にトゲがあっても食べるかなあ?」／「ああ、食べる。花にトゲがあったって食べる」／「だとすると、花にトゲがあって、なんの役に立つの?」」（四〇―四一頁）。

不定冠詞＋単数名詞は「どれを取ってみても」という意味になることもある。Un mouton（a sheep）を直訳では「一匹のヒツジ」としたが、ここはそうした「どれを取ってみても」の意味で使われている。このことは、拙訳にあるように単に「ヒツジは」と言ったほうがよく表れる。les fleurs qui ont des épines（flowers that have thorns）「いくつかのトゲを持っている花々」は、複文をできるだけ避ける前述の翻訳法に従って、「花にトゲがあっても」とした。これによって、des épines という具合に épines に不定冠詞が付いていることも表現できたはずである。

他の項目でもそうであったが、ここでも、その都度、臨機応変の対応が求められることに変わりはない。第XXVI章で王子さまが飛行士に告げる言葉を検討してみよう。王子さまの星は小さすぎて、星空のどこにその星があるか、王子さまは飛行士に指差すことができない。だからこそ、夜空の星すべてが飛行士には親しいものとなる。そう王子さまが飛行士に言うくだりである。

◇Mon étoile, ça sera pour toi une des étoiles. Alors, toutes les étoiles, tu aimeras les regarder... Elles seront toutes tes amies. (Pléiade, t. 2, chap. XXVI, p. 313)

My star, it will be, for you, one of the stars. And so, all the stars, you will love to watch them... They will all be your friends.

直訳「ぼくの星、それは君にとって星々の一つになるだろう。そのとき、すべての星々、君はそれらを見ることを好むだろう……。それらはすべて君の友人たちになるだろう」。拙訳「ぼくの星はね、君には、たくさんある星の一つなんだよ。そうなれば、満天の星という星を見あげるのが君は好きになる……。夜空の星が一つ残らず君の親友になるのさ。」（一五四頁）。

une des étoiles（one of the stars）「星々の一つ」におけるétoiles（stars）については、これが複数形であることを訳文に明示しないと、「そのうちの一つ」とはならない。そこで、複数形を「たくさんある星」と表現して、「たくさんある星の一つ」とした。toutes les étoiles（all the stars）「すべての星々」は先述したように、「満天の星という星」と表現した。Elles seront toutes tes amies（They will all be your friends）の toutes（all）は形容詞ではなく、主語代名詞 Elles（They）と同格の代名詞であり、これを「一つ残らず」と訳した。この「一つ残らず」という表現

により、そのあとの amies（friends）が、「親友たち」とせずに、単に「親友」としただけで、複数であると示されたことになる。toutes les étoiles（all the stars）「満天の星という星」を受ける主語代名詞 Elles（They）は――「一つ残らず」が「すべて」を表しているので――「夜空の星」と言い換えて「夜空の星が一つ残らず」とすることができた。このようにしたのは、「満天の星という星」を近いところで何度も繰り返すのはくどいからである。

名詞の複数形を副詞的に擬態語で表した例を見てみよう。

◇[...] la nuit tomba, et les étoiles commencèrent de s'éclairer. Je les apercevais comme en rêve, ayant un peu de fièvre, à cause de ma soif. (Pléiade, t. 2, chap. XXIV, p. 303)

[...] night fell, and the stars began to twinkle. I saw them as in a dream, since I had a slight fever because of my thirst.

直訳「夜になり、星々がまたたき始めた。喉の渇きのために少し熱があり、ぼくは夢の中ででもあるかのように星を眺めた」。拙訳「じきに夜のとばりが降《お》りました。満天の星がキラキラまたたきはじめました。まるで夢《ゆめ》でも見ているような感じで、ぼくは星空をながめました。喉がカラカラに渇いて、少しばかり熱が出ていたものですから。」（一三四頁）。les étoiles（the stars）「星々」の複数形を「満天の星」に擬態語「キラキラ」を加えて表した。これにより、次の文章の comme en rêve（as in a dream）「夢の中ででもあるかのように」にすんなり繋がることになる。Je les apercevais（I saw them）の les（them）は les étoiles（the stars）「星々」を指しているのだが、これは繰り返しを避けて、「満天の星」などとはせず、「星空」とした。

14　種々の代名詞の処理法

次に種々の代名詞の処理法を論じることにしよう。まず、主語人称代名詞だが、これについてはすでに第三章〈準備段階でなすべきこと〉の6〈主語人称代名詞の翻訳の留意点〉である程度扱った。それをおさらいしておこう。日本語では主語人称代名詞は往々にして省かれるのだから、文意が不明確にならないかぎり、なるべく省くのがよい。文意が不明確になる恐れのある場合は、「こうした＊＊は」「そうした＊＊は」「このような＊＊は」「そのような＊＊は」「この＊＊は」「その＊＊は」と「＊＊」部分に前出の名詞をそのまま入れて表現する。特に複数を明示する必要がある場合には、「これらの＊＊は」「それらの＊＊は」とする。

むろん、単に前出の名詞を繰り返すだけで、事が足りる場合も多くある。代名詞についてはは「省略するか、もしくは元の名詞をもう一度出すほうがいい。日本語では、名詞の繰り返しを英語ほど嫌わないように思う」（『英文翻訳術』七二頁）と安西も指摘するとおりである。指示代名詞についても、多くは同様である。

また、ils「彼らは」、elles「彼女たちは」といった三人称複数の人間は「二人は」とか「三人は」

といった人数表現が代名詞の代わりをうまく務めることがよくある。例えば、第XVII章に次のような箇所がある。

◇— Elle [la planète du petit prince] est belle, dit le serpent. Que viens-tu faire ici ?
— J'ai des difficultés avec une fleur, dit le petit prince.
— Ah ! » fit le serpent.
Et ils se turent. (Pléiade, t. 2, chap. XVII, p. 286)

"It [the little prince's planet] is beautiful," said the snake. "What do you come doing here?"
"I have some difficulties with a flower," said the little prince.
"Ah!" said the snake.
And they fell silent.

直訳「「おまえの惑星は美しい」とヘビは言った。「おまえはなにをしにここへ来たのか？」／「一輪の花と悶着があった」と王子は言った。／「ああ！」とヘビは言った。／そして、彼らは黙った」。拙訳「「美しい星だな」とヘビは言いました。「ここへ、なにをしに来たんだ？」／「一輪の花と面倒《めんどう》を起こしてね」と王子さまは答えました。／「ああ、そうだったのか」とヘビは応じました。／そして、二人は黙《だま》りこくりました。」（一〇三頁）。最後の ils se turent（they fell silent）「そして、彼らは黙った。」の ils（they）を「二人は」と訳した。このような人数表現は日本語では「二人は仲がよい」といった具合に主語等としてよく使うことを我々は経験によって知っている。

　ところで、フランス語に特別な不定代名詞がある。不定代名詞 on である。この on は——それに対応する述語動詞の活用は三人称単数扱いだが——一般的な人を表す一方、複数一人称 nous「我々は」を筆頭に、すべての人称、単数・複数の主語人称代名詞の代わりをする。加えて、主語を明示しない機能もある。というと、何か難しい気がするが、何のことはない、——主語が何であれ区別なく on と表現するのだから——日本語の主語を省くことに驚くほど近いのである。

　そこで、翻訳において肝要なのは、on の機能が何であれ、まずもって主語を省くことを考えることである。

◇— C'est possible. Donc, quand la moralité de l'explorateur paraît bonne, on fait une enquête sur sa découverte.

— On va voir ?

— Non. C'est trop compliqué. Mais on exige de l'explorateur qu'il fournisse des preuves. S'il s'agit par exemple de la découverte d'une grosse montagne, on exige qu'il en rapporte de grosses pierres. (Pléiade, t. 2, chap. XV, p. 281)

“That is possible. Then, when the explorer's morals appear to be good, one investigates his discovery.”

“One goes to see it?”

“No. That is too complicated. But one requires the explorer to supply proofs. For example, if the discovery is that of a big mountain, one requires him to bring back big stones.”

直訳「「ありうることだ。だから、探検家の品行が良いようなときには、人は〔私たちは、私は〕彼の発見について調査をする」／「人は〔あなた方は、あなたは〕見に行くのか？」／「いや。それは複雑すぎる。だが、彼が証拠をもたらすように探検家に人は〔私たちは、私は〕要求するのだ。例えば大きな山の発見が問題ならば、人は〔私たちは、私は〕大きな石を持ってくるように探検家に要求する」」。拙訳「「そうじゃろう。だからこそ、探検家が信用がおけるということになったら、今度はその探検家の発見が正しいかどうか、＊調べるんじゃよ」／「＊見にいくんですか？」／「いいや。それは面倒《めんどう》が多すぎる。そうじゃなくて、証拠《しょうこ》を持ってきなさいと＊探検家に要求するんじゃ。かりにじゃよ、大きな山を発見したということならばな。大きな石をいくつも持ってくるように＊探検家に言うんじゃよ」」（九四頁）。直訳においては on（one）を便宜的に「人は（私たちは、私は）」と訳した。拙訳ではそのすべてを省略して訳文を成立させているわけである（省略箇所には＊を入れておいた）。

『星の王子さま』の中であまりにも人口に膾炙した、あのキーセンテンスも同様である。すなわち、キツネが王子さまに教える「秘密」の二文のうち最初の一文である。

◇Voici mon secret. Il est très simple : on ne voit bien qu'avec le cœur. L'essentiel est invisible pour les yeux. (Pléiade, t. 2, chap. XXI, p. 298)

Here is my secret. It is very simple: one only sees clearly with the heart. What is essential is invisible to the eyes.

直訳「ここにぼくの秘密がある。それは非常に単純だ。心を用いてしか人はよく見ない。本質的

なことは目にとっては不可視なのだ」。拙訳「「これから、ぼくの知っている秘密を教えてあげるよ。とても、簡単《かんたん》なことさ。＊心で見なければ、よく見えてこない。大切なものは目には見えないんだ」」（一二七頁）。ここでも直訳では on（one）を便宜的に「人は」と訳したが、拙訳ではそれが省略されている（省略箇所に一応＊を入れておいた）。このような処理が日本語としていかにしっくりしているかは見て取れるはずである。

on は省くに越したことはないのだが、そうは言っても、特に on が一般的な人を表す場合など、どうしても on を訳さなければならないこともある。そうした場合もなるべく自然な日本語を心がけるべきなのは言うまでもない。そのためにかなり有効性を発揮するのが「誰であろうと」、ないし、会話調では「誰だって」である。

◇Mais je n'étais pas rassuré. Je me souvenais du renard. On risque de pleurer un peu si l'on s'est laissé apprivoiser... (Pléiade, t. 2, chap. XXV, p. 309)

But I was not reassured. I remembered the fox. One runs the risk of weeping a little, if one allows oneself to be tamed...

直訳「だが、ぼくは安心していなかった。ぼくはキツネを思いだしていた。みすみす飼いならされたら、人は少しは泣くおそれがある……」。拙訳「けれども、ぼくは心配でたまりませんでした。ぼくはキツネのことを思いだしていました。なじみになったりしたら、だれだって、少しは泣いてしまうことだってあるのです……。」（一四六頁）。

◇— Ils n'étaient pas contents, là où ils étaient ?
— On n'est jamais content là où l'on est », dit l'aiguilleur. (Pléiade, t. 2, chap. XXII, p. 300)

"Were they not satisfied where they were?"
"One is never satisfied where one is," said the switchman.

直訳「「あの旅客たちは、彼らがいたところにおいて、満足でなかったのか？」／「人は、その人がいるところでは、決して満足でないものだ。」と転轍手が言った」。拙訳「「あの旅客たちには気に入らなかったの？　これまで自分たちがいたところが」／「自分がいるところは、だれだって気に入らないものだよ。〔……〕」と転轍手が言いました。」（一二九頁）。

否定文では、「誰だって〜ない」とほとんど同じような表現だが、「誰も〜ない」も用いられる。

◇« Vous [les roses] êtes belles, mais vous êtes vides, leur dit-il encore. On ne peut pas mourir pour vous. [...] » (Pléiade, t. 2, chap. XXI, p. 298)

"You [the roses] are beautiful, but you are empty," he added. "One cannot die for you. [...]"

直訳「「あなたがたは美しい。けれども、あなたがたは空っぽだ」と王子はさらにバラたちに言った。「人はあなたがたのために死ぬことはできない。」〔……〕」。拙訳「「あなたがたは美しい。でも、あなたがたは、いてもいなくても同じだね」と王子さまはつづけてバラたちに言いました。「あなたがたのために、だれも死のうなんて思わないよ。」〔……〕」（一二五―一二六頁）。

また、特に一般論とか真理を言うときには、あえて直訳調の「人は」を使うこともある。

◇« On ne connaît que les choses que l'on apprivoise, dit le renard. Les hommes n'ont plus le temps de rien connaître. [...] » (Pléiade, t. 2, chap. XXI, p. 295)

"One only knows the things that one tames," said the fox. "Men no longer have the time to know anything. [...]"

直訳「「人は人が飼いならすものしか知ることはない」とキツネは言った。「人間たちはもはや何も知る時間がない。〔……〕」」。拙訳「「自分がなじみになるものしか、人は知ることはないんだよ」とキツネは言いました。「人間たちには、なにかを知る時間なんかは、もうなくなっているんだ。〔……〕」」(一二〇頁)。

この例でも、二つ前の例でも、同じ人間を指す on が二回繰り返されるところでは、その一方で「自分」と訳すと収まりがよいことも見て取れるだろう。

要は、ここでもワンパターンに陥らず、臨機応変の処理が大切だということである。

第五章　『星の王子さま』翻訳実践Ⅰ

――献辞「レオン・ヴェルトに」

1　作品タイトルの意味と邦訳

これまで説明してきたことすべてをふまえて、この章からは『星の王子さま』の主要部分を取りあげ、それらの翻訳を拙訳においてどのように実践したかを事細かに解説してゆくことにする。その際、この作品の他の邦訳と拙訳を比較しつつ、論評することも適宜行う。そこでは（FU）（KA）（YA）などと既訳のレファレンスは略記した（巻末「主要参考文献」の『星の王子さま』邦訳」の項において、略記と各邦訳の対応は明示したが）。その翻訳者ではなく、翻訳、訳文・訳語を問題にするからである。ただ、文筆家として一家をなし、それを背景ないし前提として『星の王子さま』の翻訳を出版している者、そして、六十年近く唯一の邦訳であり、この作品の邦訳として特別の位置を占める内藤濯については翻訳者名を略すことはしなかった。

本題に入る前に、この作品の原題 *Le Petit Prince* とその邦訳について述べておいたほうがよいだろう。

原題の *Le Petit Prince* は prince「王子」に形容詞 petit がついて、それに、この種のタイトルの慣例にしたがって定冠詞がついたものである。現在、最も信頼のおけるこの作品の原文テクストは『サン＝テグジュペリ全集』第二巻（ガリマール、プレイヤッド叢書、一九九九）収載のものだと先述したが、そのプレイヤッド版の校訂者ミシェル・オトランがなかなか穿った説明をしている。つまり、例えば、日本でもなじみの深い『赤頭巾ちゃん』*Le Petit Chaperon Rouge*、『親指小僧』*Le Petit Poucet*、『人魚姫』*La Petite Sirène* などのように、童話のタイトルでは、主人公の特徴を表す名詞の前に、定冠詞と形容詞 petit を付けるのが常套手段だということである。(1)

オトランの見解を少々敷衍すれば、形容詞の petit は体が小さいとか年齢が低いとかというよりもむしろ、愛らしい、可愛らしいといった、愛情のこもった表現と考えるほうがよい。それも、軽く添えられて、親しみを表す程度のもので、『赤頭巾ちゃん』で言えば、ほぼ「ちゃん」に相当する。そこで——「王子ちゃん」というのはどうにも奇妙なので——「王子」に、多少とも親しみのこもった言葉が付け加わる「王子さま」というのが Le Petit Prince の最も忠実な日本語訳といえよう。

ただ、もう一つ、フランス語の prince は果たして「王子」でよいのかという問題がある。フランス語の prince には大きく言って、「王の息子」という意味と「君主、王侯」という意味がある。この後者である可能性はないのかということである。『星の王子さま』*Le Petit Prince* の主人公である prince には父も母もいない（少なくとも、物語で一切言及されていない）。王も王妃もいないのであるから、「王の息子」というのは大いに疑問である。すると、「君主、王侯」という可能性も出てくるわけだが、この原題の邦訳を考えた場合、日本語の「王子」がそれほど厳密な意味で使われているかという点も一考の余地がある。例えば、「ハンカチ王子」とか「はにかみ王子」とか、現代の一般の男性について言われたりもしている。その場合、「高貴な雰囲気を持つ少年ないし青年」を指しているはずである。夢見がちな若い女性が待望する、理想的すぎて非現実的な男性像のことを「白馬にのった王子」などと表現したりもする。これは童話やお伽噺の登場人物から派生したイメージである。日本語における「王子」はおそらく童話をベースにした曖昧な用法を持っているのであって、童話のタイトルならば尚のこと、許容範囲は広いのではないだろうか。Le Petit Prince を「王子さま」と邦訳した場合も、そのような曖昧さを許してもよいように思われるのである。

現在、日本で最も人口に膾炙した、この作品のタイトルの邦訳は「星の王子さま」である。「王子さま」に「星の」が付け加わっているわけだが、このタイトルは日本で最初にこの作品の翻訳（岩波少年文庫、一九五三年）が出版されたときに、翻訳者の内藤濯が考え出したものである。翻訳者は誰しもその翻訳作品の顔ともいうべきタイトルには腐心するものだが、この邦訳タイトルは（黒岩涙香による）『噫《ああ》無情』や『巌窟王』といった明治期の独創的で卓抜な翻訳・翻案タイトルにも、その独創性と創意工夫の妙という点で比肩しうるものと言わなければならない。本書でも *Le Petit Prince* の邦訳タイトルとして、この『星の王子さま』を採用しているわけである。

ところで、この *Le Petit Prince*『星の王子さま』という作品の構成を見てみると、第I章から第XXVII章までの物語の本体に、冒頭に「レオン・ヴェルトに」に始まる献辞、末尾に読者へのメッセージが添えられている。ジェラール・ジュネットは『スイユ[2]』において、テクスト本体に付け加えられたテクストを、「付随的（ないしは擬似的）」を表す接頭辞 para- を付けて、テクストに付随する（擬似的）テクストという意味で「パラテクスト」paratexteと呼んだ。そして、テクストに添えられる「まえがき」「あとがき」「献辞」、表紙や奥付の記述を「パラテクスト」と規定した。『星の王子さま』の冒頭の献辞と末尾の読者へのメッセージは、このようなテクストの周辺に形成されるパラテクストに一見、見える。だが、そう見えながら、実のところは、「パラテクスト」とは断じがたいところもある。むしろ周到に設定された、物語の一部あるいは物語と不可分のテクストと考えるほうがよいともいえる。

2 冒頭の文章

まず、このような、物語と不可分のテクストの一つ、「レオン・ヴェルトに」に始まる献辞から検討してゆくことにしよう。小説ではなく、論説あるいは説明文の翻訳方法を探るうえでの参考にもなるはずである。

テクストの提示の仕方としては、最初にフランス語原文を掲げ、そのあとに英訳を配置する。前章同様、仏語原文の意味を逐語的に伝える直訳であって、決してこなれた英訳でも、英語らしさを実現した英訳でもない。単に参考のためのみの「英直訳」であることをお断りしておく。仏語原文、英直訳のあとに拙訳を掲げ、それについて詳しく解説するといった体裁を取る（以後、同様）ことにする。

À Léon Werth.

Je demande pardon aux enfants d'avoir dédié ce livre à une grande personne. J'ai une excuse sérieuse : cette grande personne est le meilleur ami que j'ai au monde. J'ai une autre excuse : cette grande personne peut tout comprendre, même les livres pour enfants. J'ai une troisième excuse : cette grande personne habite la France où elle a faim et froid. Elle a bien besoin d'être consolée. Si toutes ces excuses ne suffisent pas, je veux bien dédier ce livre à l'enfant qu'a été autrefois cette grande personne. Toutes les grandes personnes ont d'abord été des enfants. (Mais peu d'entre elles s'en souviennent.) Je corrige donc ma dédicace :

À Léon Werth[3]
quand il était petit garçon.

To Léon Werth.

I ask children to forgive me for having dedicated this book to a grown-up. I have a serious excuse: this grown-up is the best friend I have in the world. I have another excuse: this grown-up can understand everything, even books for children. I have a third excuse: this grown-up lives in France where he is hungry and cold. He needs so much to be comforted. If all these excuses are not enough, I want to dedicate this book to the child whom this grown-up once was. All grown-ups were at first children. (Though few of them remember it.) So I correct my dedication:

To Léon Werth

When he was a little boy.

レオン・ヴェルトに

この本を一人のおとなに捧《ささ》げましたが、そのことを子どもたちに許《ゆる》してもらえないかと思います。それには、れっきとした理由があるからです。そのおとなは、この世でいちばんの親友だからです。ほかにも理由があります。このおとなはどんなことでも分かる人だから、子どもの本でもちゃんと分かってしまうのです。三つ目の理由があります。このおとなは今フランスに住んでいて、お腹《なか》をぺこぺこにすかし、寒さにぶるぶる震《ふる》えています。そんな人はどうしても慰《なぐさ》めてあげなくてはいけないからです。これだけ理由を言っても、まだ許してもらえないのでしたら、ずっと以前まだ子どもだったころのその人に、この本を捧げることにしましょう。おとなはだれだって最初は子どもだったのですから（でも、そのことを覚えているおとなはほとんどいません）。というわけで、こんなふうに献辞《けんじ》を書きなおすことにします。

少年だったころのレオン・ヴェルトに(4)

先述のように、翻訳をする場合、まず原文を意味上の単位（semantic unit）に分解してみることが肝要である（本書第一章9節）。Je から personne までの最初の文章は〈この本を一人のおとなに捧げたこと〉と〈そのことについて私が子どもたちに許しを願うこと〉の二つの事柄から成りたっている。フランス語と違って日本語は複文構造を好まないので、二つの事柄はそれぞれ独立して訳し、その両者の関係を示す繋ぎの言葉を補いながら、重文（または複数の単文）にするのが常道である（第四章6節）。そこで重文に仕立てて、《この本を一人のおとなに捧《ささ》げましたが、そのことを子どもたちに許《ゆる》してもらえないかと思います》と拙訳した。

（古典的訳業の）内藤濯《あろう》訳は《わたしは、この本を、あるおとなの人にささげたが、子どもたちには、すまないと思う。》と重文を用いている。《子供たちへのおねがいです。この本を僕《ぼく》は、ある大人《おとな》のひとにささげたのですが、どうかそのことを許《ゆる》してほしいんです。》(KA)は単文と重文の両者を用いた処理だが、Je demande pardon aux enfants [...]〈私が子どもたちに許しを願う〉という同じ内容をことさら訳文の冒頭(こちらは単文による独立した文)と末尾(これは重文の第二センテンス)で繰り返し、必要以上に強調する結果となっている。このような redondance(冗長、贅言)には疑問が残る。《子どもの皆《みな》さんにはすまないと思うけれど、ぼくは、この本をひとりのおとなに捧《ささ》げる。》(TA)や《子供たちには悪いけれども、この本はある大人に捧げたいと思う。》(倉橋訳)は原文の二つの構成要素の前後を逆にして重文に仕立てている。単文二つに分解した例としては《わたしはこの本をあるおとなのひとにささげた。そのことを、わたしは子どもたちにおわびしたいんだ。》(FU)がある。

《この本をひとりのおとなの人にささげてしまって、子どものみなさん、ごめんなさい。》(IS)のように《ささげてしまって、》という表現で重文にするのも自然な日本語ではある。

《この本を一人の大人に捧げることを許してほしい、とぼくは子供たちにお願いする。》という具合に――原文の二つの構成要素で分けるのではなく――日本語の字面で二つに分けて、自然な日本語にするという、いささかアクロバチックなことをやってのけたのは、作家の池澤の訳である。

この文章をフランス語原文の構文に近い形で、《この本をあるおとなの人に献呈《けんてい》したことを、子どもたちには許してもらいたい。》(KOJ)、《この本をひとりのおとなに捧《ささ》げたことを、子どもたちには許してほしい。》(MI)、《この本がある大人のひとに捧げられたことについて子どもたちに許しを求めたいと思う。》(YA)、《この本をひとりの大人に献呈したことを、子供たちに謝りたいと思います。》(KA+T)、《この本をおとなに捧げてしまったことを、こどもたちにあやまらなければならない。》(NO)などと直訳に近い処理をすると、二つの事柄を一緒くたに頭に詰めこまれるようで、読むほうは何か居心地が悪くなってしまう。このあたり、フランス語と日本語の性質の違いに思いを致す必要があるだろう。

Je demande pardon aux enfants [...]〈私が子どもたちに許しを願う〉を《〔……〕子どもたちに許《ゆる》してもらえないかと思います》と拙訳はした。つまり、〈許しを願う〉だけで、許してもらえるかどうか、その結果ははっきりしないというニュアンスにした。これはまず原文のニュアンスに従ったのであるが、この献辞全体の文脈にも沿ったものである。

この献辞では、子どもたちに許してもらおうとして次々と、合計三つ〈この本を一人のおとなに捧げた〉理由を述べている。その挙げ句、やはり許してもらえそうにないので、献辞を《少年だったころのレオン・ヴェルトに》と書き換えている。許してもらう努力をして、結局許してもらうことを諦め、献辞を変更するという〈努力〉↓〈断念〉↓〈献辞変更〉の文脈がすんなり読者の頭に入るように日本語を選ばなければならない。

ここで、原文の二つの構成要素の前後を逆にした前掲の訳文《子どもの皆《みな》さんにはすまないと思うけれど、ぼくは、この本をひとりのおとなに捧《ささ》げる。》（TA）と《子供たちには悪いけれども、この本はある大人に捧げたいと思う。》（倉橋訳）が問題になる。この二つの訳文は、d'avoir dédié ce livre à une grande personne の avoir dédié において不定詞が複合形になって、主動詞の動作（Je demande の demande）よりも前に完了したことを表していることを無視している。この複合形は直前の「レオン・ヴェルトに」という献辞を書いたことを指しているのであって、すでに実行してしまったことなので excuse（「理由付け、言いわけ、弁解」）をするのであり、また、最後に Je corrige donc ma dédicace と〈献辞を訂正する〉のである。

3 「言いわけ」か「理由」か

さて、J'ai une excuse sérieuse《それには、れっきとした理由があるからです》、J'ai une autre excuse《ほかにも理由があります》、J'ai une troisième excuse《三つ目の理由があります》、Si toutes ces excuses ne suffisent pas《これだけ理由を言っても、まだ許してもらえないのでしたら》と四回繰り返されるこの excuse という名詞（それを拙訳では「理由」と訳したの）だが、仏和辞典の訳語のとおりに《言いわけ》と訳している例が散見される（内藤、MI、YA）。そして、これに形容詞 sérieux（「まじめな、まともな」）の女性単数形が付いた excuse sérieuse については、

《ちゃんとした言いわけ》（内藤、ＹＡ）、《確かな言《い》い訳《わけ》》（ＭＩ）としている。《ちゃんとした言いわけ》や《確かな言い訳》が日本語として奇妙なのは誰の目にも明らかである（仏和辞典の訳語は単なる参考例程度と考えるべきなのは、すでに指摘したとおりである）。そのため、この部分だけを《ちゃんとした理由《わけ》》とし、あとの三回を《言いわけ》として訳し分けた例もある（ＩＳ）。多くが excuse を《理由》《わけ》と訳し、excuse sérieuse を《ちゃんとした理由》（倉橋、ＫＡ、ＴＡ）、《ちゃんとしたわけ》（ＦＵ）、《大事な理由》（池澤）、《深いわけ》（ＫＡ＋Ｔ）、《大事なわけ》（ＫＯＮ）、《重大なわけ》（ＮＯ、ただし、あとの三回はなぜか《理由》）、日本語として少々違和感があるが《まじめなわけ》（ＫＯＪ、仏和辞典の sérieux の訳語「まじめな」をそのまま使っている）などとしている。

注意しなければならないのは、フランス語の excuse は日本語の「言いわけ」とはかなりニュアンスが違うということである。大袈裟に言えば、日仏の文化的背景までも違う。フランスで定評のある国語辞典とでもいえる全九巻の『ロベール大辞典』*Le Grand Robert* によれば、excuse は「糾弾、非難に対して自らを守るために主張する理由、過失について説明したり過失の重大さを弱めたり、自身ないし他の人間に咎がないことを証明したりするために主張する理由」であり、自己正当化のための理由付けを意味する。これに対して日本語の「言いわけ」は「過ちを謝するため、事情・理由を説明すること」（『広辞苑』）である。「謝る」すなわち「過失や罪を認めて許しを求める」（同書）ための理由説明である。

フランス語文化圏では、自己主張はすべきものであり、自己正当化は当然の権利であるとともに美徳でさえある。ところが、日本語文化圏ではあっさり過ちを認めて反省し、何も言わないのが美徳とされる。言いわけは潔くないこと、むしろ、すべきでないこととなる。これは、おそらく使用頻度の高いものとして『広辞苑』が挙げる用例に、如実に表れている。「言いわけ」の用例は「言いわけが立たない」「言いわけするつもりはない」の二つであり、「言いわけをすること。言い開き。言いわけ」と説明される「弁解」の用例は「くどくどと弁解する」「弁解無用」の二つである。どれを取っても、避けるべき否定的な行為との認識が先に立っている。

フランス語における excuse は自己正当化のための理由付けであり、これを行うのはフランス語文化圏においては人間の当然の権利であるわけで、これは、避けるべき否定的な行為というニュアンスの強い日本語の「言いわけ」とは大いに異なる。そこで拙訳では四回繰り返される excuse すべてを「理由」と訳した。否定的なニュアンスのない「理由」という訳語を当てることによって初めて、この excuse に sérieuse《れっきとした、しかるべき、まともな、まじめな》という形容詞の付いた excuse sérieuse の《れっきとした理由》などの「方向的等価」（第一章3節・10節）が実現できるのである。

4　「どんなことでも分かる」

二つ目の理由として示される cette grande personne peut tout comprendre, même les livres pour enfants《このおとなはどんなことでも分かる人だから、子どもの本でもちゃんと分かってしまうのです。》（拙訳）について、池澤は特異な処理をしている。つまり、〈どんなことでも分かる人〉→〈子どもの本でもちゃんと分かる〉と二段階になっているところを、《子供のための本でもちゃんとわかる人》と助詞の「も」を使ってひとまとめにし、結果、そのおとなが〈どんなことでも分かる〉というフランス語原文の主要部分を省いている。このような簡潔さの追求は池澤訳の特徴というよりも方針にまでもなっているようである。

「単純なストーリーに対して、詩の要素は軽視できないかもしれない。彼〔サン＝テグジュペリ〕は詩人として詩集を刊行はしなかったけれど、フランスで文学に関わる者が詩と無縁ではいられるはずはないし、彼が敬愛した母には2冊の詩集がある。〔……〕今回の翻訳を通じてこの詩的な要素の部分にぼくは遅ればせに気づいた。よく考え抜かれた、単純で意味の深いキーワードの使用、計算された繰り返しの効果、余計な言葉を省いた、明晰でしかも奥行きの深い文体。こういうことは小説ではなく詩に属する手法だ。1度読んでわからないのは当然で、そんなことを作者は目指してはいない。詩というのはわかるものではない。誰がボードレールを1度読んで、わかったつもりになるだろうか。[5]」

フランス文学において詩は韻文で書かれるものであり、散文詩（そして、韻文定型詩の規則を崩した自由詩）は十九世紀に成立した特異なジャンルである。『星の王子さま』のテクストはフランス人ならば一度読んだだけで普通に分かる散文で書かれ、詩とは別物だなどと力んでみても詮無いことであろう。作家の翻訳は、村上春樹によるレイモンド・カーヴァーやサリンジャーの翻訳を筆頭に、その作家の強烈なパーソナリティを反映してもよい、あるいは、反映していることが積極的に評価されるものとなっている。「余計な言葉を省いた、明晰でしかも奥行きの深い文体」「1度読んでわからないのは当然で、そんなことを作者は目指してはいない」などは池澤独自の『星の王子さま』観ないしは、そのような前提のもとに成りたっている池澤訳の特質と考えるべきである。池澤訳は（そして、倉橋訳もある程度は）こうしたクリエーターとしての自負と思いこみが力を発揮しているところにその醍醐味がある。クリエーターとしてのパーソナリティが確立し、認知されている者のみが享受する特権といえよう。《子供向けの本でも、完全に理解することができる》（KA＋T）と意味を違えて訳している例を除けば、ここで引き合いに出している翻訳書のすべてが――倉橋訳を含めて――〈そのおとながなんでも分かる〉ことを省かず、訳出しているのは頷ける。

5　オノマトペの手法、名詞の動詞化

あえて言うまでもないかもしれないが、elle [cette grande personne] a faim et froid（he [this grown-up] is hungry and cold）を《このおとなは〔……〕お腹《なか》をぺこぺこにすかし、寒さにぶるぶる震《ふる》えています》として、「ぺこぺこに」と「ぶるぶる」という、他の翻訳書にない擬態語を拙訳は加えている。これは、擬態語・擬声語を多用し、感覚を直《じか》に伝えることを好む（体験をできるだけ現実に近い形で、生《き》のままに表現しようとする）特徴が日本語にはあり、擬態語・擬声語を入れると描写がヴィヴィッドになるという翻訳の半ば常識化した手法（第四章3節）による。

単純化して言えば、フランス語は名詞を好む言語であり、日本語は動詞を好む言語であることからも、《お腹をすかす》《寒さに震える》と名詞を動詞化した（ここでは、名詞 faim も froid も avoir faim や avoir froid の慣用表現の一部なのだから、なおさら名詞として独立させるのはなじまない）のは翻訳の基本（第四章2節）に忠実な配慮である。当然この点を心得ていて、内藤訳は《ひもじい思いや、寒い思いをしている》となっている。《飢えと寒さに苦しんでいる》とした訳（KOJ、MI、YA、KA+T、FU、TA、NO）が多いが、もう一工夫あってもよかった。〈飢えて、寒がっている〉実感が読者に伝わって初めて、次の《そんな人はどうしても慰《なぐさ》めてあげなくてはいけないからです》を読者が納得するのである。

6 「これだけ理由を言っても」

次の Si toutes ces excuses ne suffisent pas,（If all these excuses are not enough,）《これだけ理由を言っても、まだ許してもらえないのでしたら、》において、名詞 toutes ces excuses〈これらすべての理由〉を《これだけ理由を言っても》と動詞化したのも、いうまでもなく翻訳の基本（第四章2節）に従ったからである。

次に問題になるのは、この名詞 toutes ces excuses を主語とする述語動詞 ne suffisent pas〈充分でない〉の訳である。これを仏和辞典の訳語どおりに《足りない》（内藤、倉橋、YA、池澤、FU、IS）、《十分（充分）でない》（KOJ、MI、TA）、《不十分だ》（KA+T）と訳した例が大半である。

自動詞 suffire は前置詞 à のあとに名詞、à または pour のあとに不定詞、pour のあとに接続法の従属節を伴って〈～に充分である〉となるのが通例であり、〈～に〉が字面に現れない場合も往々にして想定されてはいる。前述のように、原文の読めない読者に代わって原文の意味を徹底的に明らかにし、日本語で表現する。そして、読者が無駄に頭を使ったり、戸惑ったりすることのないようにお膳立てをするのが翻訳者の仕事である。むろん、曖昧さが残ったり、解釈の多様性を残したほうがよいテクストもあるが、この『星の王子さま』のテクストはこの限りではない

（テクストの持つ「深い意味」、テクストの解釈はまた別の話である）。

ここでは〈～に充分でない〉の〈～に〉が明確になるようにしなければならない。これまで、子どもたちに許してもらう努力をしてきたのだから、〈～に〉は〈子どもたちに許してもらうのに〉であり、そこまで訳したほうが読者に対して親切であろう。フランス語原文にこれが現れていないのは、むろんフランス語では自明だからである。

《それでもみなさんが納得《なっとく》してくれないなら、》（KON）、《でも、もしこれだけたくさんの理由があっても許してもらえないときは、》（KA）、《これだけの理由でもまだだめなら、》（NO）はこの点をある程度考慮した訳である（ただ、これらすべてが拙訳刊行後の訳業なので、あるいは拙訳が多少とも参考になったのかもしれない）。

7　献辞全体の意味を問う

最後に献辞全体をもう一度見渡してみよう。一見何でもないようだが、この献辞は実は献辞としては相当異例なもので、単なる献辞を超えて実に計算し尽くされた、巧妙なテクストであることが分かる。額面どおりの単なる献辞ならば、なにも末尾で書き直すことも、書き直す経緯をあれこれ説明することもなく、最初から書き直した結果だけを記せば足りたはずである。それをこんなにもまだるっこい書き方をしているのには、それなりの必然性がある。書き直す経緯を記述しつつ書き直すという、一連の手続き全体が重要であったと思われる。

児童書として出版されたという前提があり、さらに、子どもたちに〈許しを願う〉ことをして、作者がその前提を追認している。子どものための本というわけだが、その一方で、冒頭で一人のおとなにこの本を献じることで、おとなが読者であるともしている。つまりは、子どもとおとなの両者が読者とされていることになる。それに加えて、その献辞を《少年だったころの》そのおとなに献じるように末尾で書き直していることからすれば、表面的には、おとなの中の子どもの心に訴えかける作品としていることが推測される。そして、もう少し掘りさげたところでは、後述するようにあくまでも（現実の子どもがどうであるかから離れた）理念型としてのものだが、「子どもの心」を想定して、そこから「おとなの心」を逆照射しようとするこの本の特質と、そうした特質を考慮した、この本の読み方を示唆しているとも考えられるのである。

その際、ほかの重要な要素も念頭に置くべきことも、献辞の中には周到に書きこまれている。すなわち、まずもって、この本を捧げるおとなが《今フランスに住んでいて、お腹《なか》をぺこぺこにすかし、寒さにぶるぶる震《ふる》えて》いること（この本をそのおとなに捧げる第三の理由の前半）である。レオン・ヴェルトについて直接知らない人でも、この本が出版された一九四三年当時の人間（そして、多少とも当時の歴史を知る、後代の人間）ならば、この当時あえてフランスに住んで困窮している人とはどういう人なのか容易に想像がついたはずである。反ナチズムの運動に加わらないまでも、ナチスの敵であり（あるいはナチスの敵と見なされ）ゲシュタポの追及を受けている人という人間像くらいはすぐに頭に浮かぶ。《そんな人はどうしても慰《なぐさ》めてあげなくてはいけないから》、作者はこの本をその人に捧げた（第三の理由の後半）わけだが、ナチスの追及を受けている人をこの本が慰めるとはどういうことか。《慰める》と訳したフランス語他動詞 consoler は「（人の）悲しみや苦しみを和らげる」（*Le Grand Robert*）であり、語源的には接頭辞 con- とラテン語 solari から成りたっている（同書）。接頭辞 con- は「ともに、互いに」、solari は「元気づける」という意味である。なんらかの内的な繋がり、心の交流が想定されるわけだが、それは《この世でいちばんの親友だから》という、この本をそのおとなに捧げた第一の理由ですでに示されている。

こうしたことをいささか敷衍すれば、次のようになるだろう。つまり、「フランスに留まることでナチズムに抵抗するあなたは決して一人ではない」こと、「この本の作者である私の心が、あなたの心と通い合い、いつもあなたのそばにいる」こと。それに加えておそらく「自分はこの本を書くことで仲間を増やすことができるかもしれない」こと、「そうして増えた仲間もきっと私と同じようにあなたと心を通わせることになるだろう」（そして、それは反ナチズムの世論を形成する、なんらかの力になるだろう）こと。そうしたことを言っていると「深読み」できるからこそ、この本を捧げられたことでレオン・ヴェルトは本質的に慰められるのである。ここで、《このおとなはどんなことでも分かる人だから、子どもの本でもちゃんと分かってしまうのです》（このおとなはどんなことでも分かる人だから、子どもの本でもちゃんと分かってしまうのです》（この本をそのおとなに捧げた第二の理由）と、前述のように作者がわざわざ《どんなことでも分かる人》

と言っている意味が効いてくる。《どんなことでも分かる》レオン・ヴェルトならば、こうした「深読み」の内容が理解できないはずはないということになる。

これらすべてをまとめて前提とし、そのうえでこの本は読んでほしいという、この本の読み方の指示が、この、誠に手の込んだ導入部、「レオン・ヴェルトに」に始まる献辞というテクストの性質なのだろう。(6)

8 翻訳の文体の決定

翻訳の文体をどうするかは翻訳者が行う、最も難しい究極の選択である。「ある意味では、文体の問題は翻訳のアルファであり、かつまたオメガだということさえできるかもしれない。〔……〕文体を論ずるには、ある特定の作家、ある特定のジャンル、ある特定の時代、あるいはまた、ある特定の翻訳の発表される特定の目的などを、十分に、複合的に考慮して、総合的に判断しなければならない」と安西の『英文翻訳術』にも記載されているとおりである（同書二一頁）。

そうしたことからすると、『星の王子さま』全体をどのような文体で訳すかは、ほとんどその翻訳の成否を決しかねない重大事である。この問題は物語本体部分に入ってから考察するとして、それとの関連もあるが、差しあたり、この献辞のテクストをどのような文体で訳すかはかなりデリケートな問題である。今述べたようなこのテクストの深い意味、そして、何よりも原文の様態から、拙訳の文体が決定されたことはいうまでもない。

この献辞のテクストの原文は（おとなが子どもに話しかけるといった）会話ほどくだけた感じではない。少し改まった感じではあるが、世間一般の書物の献辞ほど鯱張《しゃちこば》ったものでもない。その微妙なところを的確に突かなければならない。内藤訳は物語本体については「です・ます調」を採用しながら、この献辞だけは「だ・である調」を用いているが、それもまた、この微妙なところを突こうとした結果だといえる。池澤訳や倉橋訳の文体もさすがに無理がない。ただ気になるのは次のような翻訳例である。《「……」この世で得た最良の友人なんだ。》《「……」理解できる人なんだ。》《「……」彼にはどうしても慰《なぐさ》めが必要なんだ》（MI）、《「……」子どもたちにおわびしたいんだ。》《「……」この世でいちばんの親友なんだ。》《「……」なんでもわかるひとなんだ。》《「……」はじめはみんな子どもだったんだ。》（FU）、《「……」そのことを許《ゆる》してほしいんです。》《「……」一ばん大切な友だちだからなんです。》《「……」ぜひなぐさめてあげなきゃならないんです。》《「……」はじめは子供だったんですから。》（KA）、《「……」ちゃんとした理由《りゆう》があるんだ。》《「……」彼《かれ》には慰《なぐさ》めがどうしても必要《ひつよう》なんだ。》《「……」おとなはみんな、はじめ、子どもだったんだ。》（TA）、《この世でいちばんの親友なんだ。》《とてもなぐさめを必要としているんだ。》（NO）というように、《「……」んだ》あるいは《「……」んです》を多用している翻訳例が多いのである。さらに、《「……」たとえ子どもの本であってもね。》《「……」もしこの三つの理由ぜんぶでもじゅうぶんじゃないなら、》（TA）、《「……」こどものための本だってわかるのさ。》（NO）まで行くと、あまりにくだけた感じで、原文の文体との乖離《かいり》が甚だしい。

第六章　『星の王子さま』翻訳実践Ⅱ

——第Ⅰ章「六歳のころ」

本の冒頭に、「レオン・ヴェルトに」という単なる献辞だけでなく、それに付随する、煩雑とも受けとられかねない説明文を掲げるのも異例であったが、『星の王子さま』の物語本体部分の書き出しもなんとも異例である。あとで詳しく見ることになるが、童話とかお伽噺とか言われる物語は、第Ⅳ章でこの物語の話者自身も言っているように（そして、本書第四章6節でも扱ったように）、通常 Il était une fois un petit prince [...]「むかし、むかし、王子さまがおりました〔……〕」といった具合に Il était une fois [...] で始まり、そのあと物語が単純過去によって進行する。ところが、この物語本体部分は書き出しもこの定型とは異なり、複合過去で作者の思い出を語り出しており[1]、その後の叙述も第Ⅰ章全部と第Ⅱ章の途中まで（ただ一つの例外[2]を除いて）複合過去で続けている。

そうした冒頭部分から第Ⅰ章の途中までを、ここでは俎上に載せることにしよう。

Lorsque j'avais six ans j'ai vu, une fois, une magnifique image, dans un livre sur la forêt vierge qui s'appelait *Histoires vécues*. Ça représentait un serpent boa qui avalait un fauve. Voilà la copie du dessin.

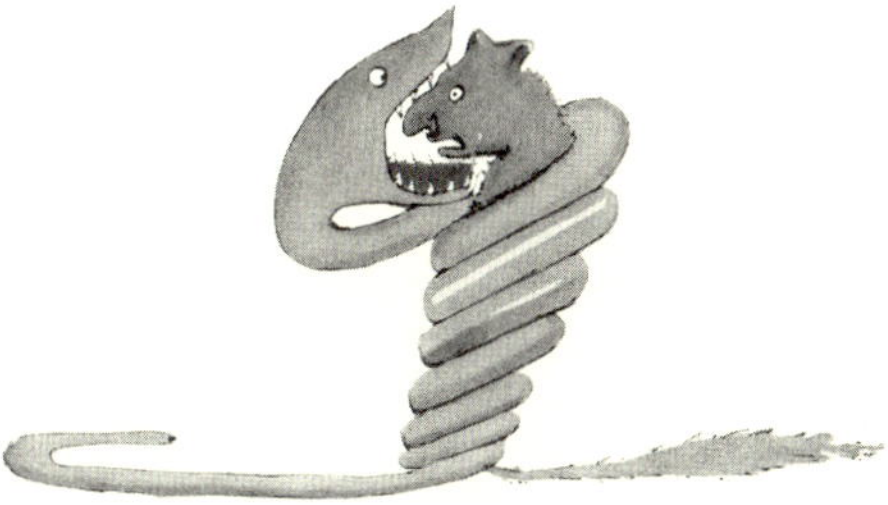

On disait dans le livre : « Les serpents boas avalent leur proie tout entière, sans la mâcher. Ensuite ils ne peuvent plus bouger et ils dorment pendant les six mois de leur digestion. »

J'ai alors beaucoup réfléchi sur les aventures de la jungle et, à mon tour, j'ai réussi, avec un crayon de couleur, à tracer mon premier dessin. Mon dessin numéro 1. Il était comme ça :

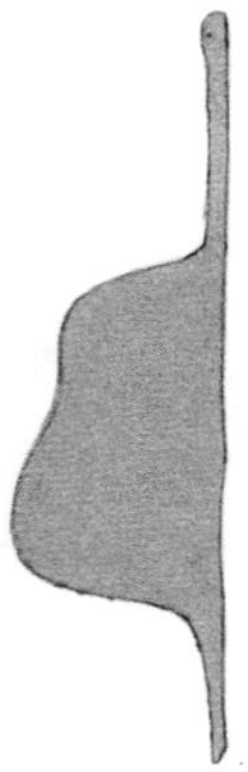

J'ai montré mon chef-d'œuvre aux grandes personnes et je leur ai demandé si mon dessin leur faisait peur.

Elles m'ont répondu : « Pourquoi un chapeau ferait-il peur[3] ? »

When I was six years old I once saw a magnificent picture, in a book about the primeval forest called *True Stories*. It showed a boa constrictor swallowing a wild animal. Here is a copy of the drawing.

In the book one said: "Boa constrictors swallow their prey whole, without chewing it. Afterwards they can no longer move and they sleep through the six months of their digestion".

I then reflected a lot upon the adventures of the jungle and I myself, with a colored pencil, succeeded in making my first drawing. My drawing Number One. It was like this:

I showed my masterpiece to the grown-ups and I asked them if my drawing frightened them.

They answered me: "Why would a hat frighten anyone?"

六歳《さい》のころでした。本を読んでいて、あるとき、すばらしい絵が目につきました。原始林のことを書いた本で、題は『ほんとうにあった話』。その絵には、猛獣《もうじゅう》を呑《の》みこむ、ボアという種類の大蛇《だいじゃ》が描《えが》いてありました。その絵をここにかき写しておきます。

本には、こんな説明がありました。「大蛇ボアは獲物《えもの》を嚙《か》まずにまる呑みにします。そうして、そのあとは動けなくなってしまいます。獲物を消化するのに六ヶ月かかりますが、その六ヶ月のあいだ眠《ねむ》りどおしに眠るのです」

ジャングルでは、いったいどんなワクワクする冒険《ぼうけん》が、ぼくたちを待ちうけているのだろうか。あれこれ考えながら、ぼくは今度は自分で色鉛筆《いろえんぴつ》を使って、なんとか初めて絵をかきました。ぼくの一番目の絵。それはこんな絵でした。

どんなもんだい、と得意顔で、ぼくはその絵をおとなたちに見せて、たずねました。「ぼくの絵、怖《こわ》いでしょ?」

するとおとなたちの答えは「帽子《ぼうし》なんかが怖いわけないだろ?」(4)

1 思考の流れを読む

童話として異例の冒頭の文章をどう訳すかだが、これについては、人が思考しつつ、それを言葉にする行為、そして、そのようにして書かれたものを人が読む行為について考えてみれば、自ずと結論が得られる。

原文は当然ながら原文の作者の思考の流れに沿って書かれ、原文の読者はその思考の流れに沿って読む。どんな文章であれ、文章を書く(そして、読む)とは――そのテクストの字面からしても、それを朗読したときの様態からしても分かるように――本来的に線としての行為であり、面や立体としての行為ではない(推敲、あるいは読書の際の再読・再思考は二次的行為であり、本来的な一次元の線的行為を補うものである)。

作者の思考の流れに沿って書かれ、原文の読者がその思考の流れに沿って読んでいるものを、異なる言語で再創造したもの、原文の思考の流れを能うかぎり忠実に再現したものが翻訳である。

翻訳の読者も、原文の読者と同じように、作者の思考の流れに最大限沿って読めるようにする。これが翻訳の常道である（第四章5節）。これを述べる際、「原文で単語や句の並んでいる順序をできるだけ変えないで、頭から順に訳しおろしてゆくように心がける」べきだという『英文翻訳術』の言葉を、[(5)]「単語や句の並んでいる順序」を意味のまとまりの単位（semantic unit）の順序に置き換えて援用した。

「原文の思考の流れ」をできるだけ尊重する方法として、安西は「原文の形式的な構造をなぞるのではなく、一度これを解体して、形式の背後にある思考の流れをよく読み取り、この流れを日本語本来の構造に移しかえて再構成しなければならない」（同書二〇頁）としている。これは筆者の言い方では、形式的な文の構造から離れて、原典テクストを一度 semantic unit に分解し、個々の semantic unit を原典テクストの思考の流れに沿って無理のない日本語文に再構成すると なる。「形式的な文の構造から離れて、原典テクストを一度 semantic unit に分解して」を今問題になっている物語本体部分の冒頭の文章に適用するとどうなるか。(1) j'avais six ans〈ぼくは六歳だった〉、(2) j'ai vu, une fois, une magnifique image〈ぼくは、あるとき、すばらしい絵を見た〉、(3) dans un livre〈ある本のなかで〉、(4) un livre sur la forêt vierge〈原始林についての本〉、(5) un livre qui s'appelait *Histoires vécues*〈『ほんとうにあった話』という題の本〉というふうにこの文章は分解できる。

これをふまえて、上記の「個々の semantic unit を原典テクストの思考の流れに沿って無理のないない日本語文に再構成する」に進むことになる。⑴から⑸に至るプレゼンテーションの順番が作者（あるいは話者、以下同様）の思考の順番である。さらに⑴から⑶まで、すなわち、〈六歳のころ、あるとき、（本の中で）すばらしい絵を見た〉が作者のいちばん言いたいこと、この文章の根幹である（⑶ dans un livre の livre に不定冠詞がついていて、差しあたり本は不特定で、重要度が高くないと感じられるようにもなっている）。そのあとの⑷と⑸は本についての説明であり、二義的なこと、いわば枝葉である。いちばん言いたいこと、⑴から⑶がまず作者の頭に浮かび（そして、それを読者の頭に浮かばせ）、その背景説明があとに続くようになっている。これがこの文章の「思考の流れ」である。拙訳はこの「流れ」に沿って、《六歳《さい》のころでした。本を読んでいて、あるとき、すばらしい絵が目につきました。原始林のことを書いた本で、題は『ほんとうにあった話』。》とした。

2　単語の意味の把握と名詞・動詞の処理

やや細かい説明をしておくことにする。j'ai vu, une fois, une magnifique image〈ぼくは、あるとき、すばらしい絵を見た〉の une fois を《一度》と訳した例が散見される（ＭＩ、ＫＡ＋Ｔ、ＦＵ、ＩＳ）。翻訳の読者のなかには、なぜ〈ぼくがすばらしい絵を見た〉のが《一度》だと強調されているのだろう、と訝しく思った向きもあるだろう。シチュエーションからして、別にその絵の描いてある本を一度しか見られないこともないし、一度見ただけなら、その絵が六歳の話者の想像力をそんなにも掻きたてるはずもなさそうだからである。une fois には、un jour〈ある日〉と同じような「あるとき」という意味もあり、童話の冒頭の決まり文句 Il était une fois [...]〈むかし、むかし、〔……〕がおりました〉における une fois はこの意味である。《あるとき》（拙訳、ＹＡ）とするか、ことさらこの語を訳さない（内藤、ＫＯＪ、倉橋、池澤、ＫＯＮ、ＫＡ、ＴＡ、ＮＯ）のがよいだろう。

冒頭の Lorsque j'avais six ans〈ぼくが六歳だったころ〉については、《六つのとき》（内藤、ＦＵ）、《六つのときに》（ＫＡ）、《六歳のとき》（ＫＯＪ、倉橋、ＫＡ＋Ｔ、ＮＯ）、《六歳の時》（ＭＩ、池澤）、《六歳のころ》（ＹＡ、ＴＡ）、《六つのころ》（ＩＳ）と、動詞を含む節を名詞化して訳しているものが圧倒的に多い。《僕《ぼく》が六歳《さい》だったときのことだ。》（ＫＯＮ）という訳もあるが、この冒頭の節を原作者が à l'âge de six ans〈六歳のとき〉などと名詞表現にせずに、あえて節にしている理由を拙訳は尊重した。次の j'ai vu が複合過去であり、作者が意識的に話し言葉に近い文体でこの物語を始めていることは先述した。そして、それがこの物語にとって計り知れない意味があることはおいおい明らかにしていくが、作者が冒頭を節にしたのは、やはり、この話し言葉の文体を意識したからなのである。原典のこの文章で最も力点のある〈すばらしい絵を見た〉ことが読者に強く印象づけられるため、さらには、日本語としてのリズムを整えるためもあって、拙訳では《六歳《さい》のころでした。》とセンテンスを独立させ、かつ、主語を省いている。次の j'ai vu

の主語人称代名詞je〈ぼくは〉も構文を変えて拙訳では省いているが、これは「人称代名詞はなるべく訳文から省いてしまうのがコツだといわれている」[6]という翻訳の「コツ」にも適った処理である（本書第三章6節、第四章14節）。

拙訳で、dans un livre〈ある本の中で〉が《本を読んでいて》となり、un livre sur la forêt vierge〈原始林についての本〉が《原始林のことを書いた本》となっているのは、先述の名詞の動詞表現化の原則（本書第四章2節）に従ったからである。こうすることで初めて読者は（苦労する必要がいささかもないところで）何の苦もなく原文の内容をすうっと頭に入れることができるのである。《本の中で》（内藤、KOJ、倉橋、池澤、FU、KA）、《本のなかで》（KA+T、YA、TA）、《本の中に》（MI）、《本の中でした》（IS）、《本で》（KON、NO）は原文に捕らわれた訳である。la forêt vierge は《原生林》よりも〈人間が足を踏みいれたことのない〉が強調される《原始林》のほうが文脈に即しているので、そのような訳語を選んだ。

un livre sur la forêt vierge〈原始林についての本〉において、基本に忠実に名詞の動詞表現化をしているのは、《原始林のことを書いた〔……〕本》（内藤、池澤）、《ジャングルのことを書いた〔……〕本》（倉橋）、《未開《みかい》のジャングルのことを書いた〔……〕本》（KA）、《原生林のことを書いた本》（KON）、《原生林《げんせいりん》について書いた本》（FU）、《原始林《げんしりん》のことが書いてある〔……〕本》（TA）、《原生林について書かれた本》（MI）、《原始林について書かれた本》（KA+T）である。このうち、最後の二つは受動態を用いることによって、いささか翻訳調の日本語になっている。

《原生林にかんする本》(YA)、《原始林についての本》(IS)《「原生林」についての本》(NO)は原文のままである。

un livre qui s'appelait *Histoires vécues* 《『ほんとうにあった話』という題の本》の、本のタイトル *Histoires vécues* は「フィクションではなく、実話」という意味だが、この訳語が意外にバラエティーに富んでいる。この部分の訳は《「ほんとうにあった話」という本》(内藤、倉橋)、《『本当にあった話』という本》(TA)、《『ほんとうにあった話』という〔……〕本》(KON)、《『体験した話』という〔……〕本》(KOJ)、《『ほんとうにあった話』という題名の〔……〕本》(MI、YA)、《『本当にあった話』という題の〔……〕本》(NO)、《『ほんとうの物語』という本》(池澤)、《『実際にあった話』という題名の〔……〕本》(IS)、《『実話集《じつわしゅう》』という題名の〔……〕本》(FU)のように、原文の s'appelait という動詞に拘泥せず、自然な日本語を目指した訳が大半である。《原始林について書かれた本のなかで(そこには「実話」と記されていた)》(KA+T)、《《ほんとうにあるお話》という本》(KA)といった、やや見当違いな訳もある。

j'ai vu [...] une magnifique image 〈ぼくは〔……〕すばらしい絵を見た〉を《すばらしい絵が目につきました》と拙訳のみ主語・目的語(直接目的補語)を逆転させて訳している(第四章2節)。これによって、〈見える〉〈目に入る〉という動詞 voir のニュアンスにより近づくとともに、〈すばらしい絵〉に対するフォーカスの度合いがより強くなり、文脈がより鮮明になったはずである。これは「形式的な文の構造から離れて、原典テクストを一度 semantic unit に分解し、〔……〕思考の流れに沿って無理のない日本語文に再構成する」という翻訳の基礎をふまえての操作でもある。原文に最適の、分解から再構成に至る作業は、翻訳の訓練の段階で誰しも身に付けるものであって、実際の翻訳ではほとんど瞬時に近いスピードでなされる作業であり、判断である。

3 思考の流れへの逆行例

話を思考の流れそのものに戻そう。思考の流れに逆行する、言い換えれば、原文の「解釈の原則そのままに訳」すことで「原文の単語や句の順序を大いに乱して、うしろから前へ逆に訳し戻すという結果になってしま」(安西、前掲書一五頁)った翻訳例が冒頭の文章については驚くほど多い。《六つのとき、原始林のことを書いた「ほんとうにあった話」という、本の中で、すばらしい絵を見たことがあります。》(内藤)、《六歳のとき、『体験した話』という原始林についての本の中で、すばらしい絵を見たことがあります。》(KOJ)、《六歳のとき、ジャングルのことを書いた『ほんとうにあった話』という本の中で、すごい絵を見たことがある。》(倉橋)、《6歳のころ、あるときわたしは、『ほんとうにあった話』という題名の原生林にかんする本のなかで、すばらしい挿絵をみつけました。》(YA)、《6歳の時、原始林のことを書いた『ほんとうの物語』という本の中で、ぼくはすばらしい絵に出会った。》(池澤)、《6歳のとき、原始林について書かれた本のなかで（そこには「実話」と記されていた）、一度、1枚の見事な絵を見たことがある。》（KA＋T）、《わたしは、六つのとき、いちど『実話集《じつわしゅう》』という題名の原生林《げんせいりん》について書いた本の中で、すごい絵を見たんだ。》（FU）、《僕《ぼく》が六歳《さい》だったときのことだ。『ほんとうにあった話』という原生林のことを書いた本で、すごい絵を見た。》（KON）、《六つのときに僕《ぼく》は、未開《みかい》のジャングルのことを書いた《ほんとうにあるお話》という本の中で、すばらしい絵を見たことがあります。》（KA）、《六歳《さい》のころ、ぼくは、原始林《げんしりん》のことが書いてある『本当にあった話』という本のなかで、すばらしい絵に出会った。》（TA）といった翻訳例である。これでは〈すばらしい絵〉にフォーカスすべきところが、焦点がぼやけてしまう。

《六歳の時、僕はすばらしい挿絵《さしえ》を一度見たことがある。それは『ほんとうにあった話』という題名の、原生林について書かれた本の中にあった。》（MI）、《六つのころ、わたしは一度、すばらしい挿絵を見たことがあります。『実際にあった話』という題名の、原始林についての本の中でした。》（IS）、《六歳のとき、すばらしい絵を見たことがある。『本当にあった話』という題の、「原生林」についての本で見たんだ。》（NO）が拙訳にいくらか近い処理をしている。MI訳が「それは」と原文にない指示代名詞を挿入しているが、人称代名詞とともに指示代名詞も（要するに、代名詞は）なるべく省くのが翻訳の「コツ」だということからすれば、これに比べてIS訳は日本語として自然である。

この冒頭の文章を訳すのに、《題は『ほんとうにあった話』。》と拙訳は体言止めにした。体言止めや倒置を使って、単調になりがちな日本語文の文末に変化を与える翻訳（あるいは日本語作文）の初歩的「技術」による。しかし、それだけでなく、もっと大切なこととして、体言止めによって断定口調を和らげ、本の題に力点が置かれないようにしたためでもある。これによって、〈すばらしい絵〉へのフォーカスを持続させたまま、次の文章に移れるはずである。

4　代名詞の処理、訳注の代わり

次の文章 Ça représentait un serpent boa qui avalait un fauve を拙訳は〈その絵には大蛇ボアが描いてあり、その大蛇は猛獣を呑みこもうとしていました。〉と重文にはせず、《その絵には、猛獣《もうじゅう》を呑《の》みこむ、ボアという種類の大蛇《だいじゃ》が描《えが》いてありました。》と複文にした。大蛇が単独で提示されているのではなく、ここではあくまでも大蛇は qui 以下の関係節の限定を受け、〈猛獣を呑みこむ大蛇〉がひとまとまりになっているからでもある。指示代名詞について「既出の名詞を受けるわけだが、「それ」などと訳すぐらいなら、いっそ名詞そのものを訳文に出してしまうとよいことが多い[7]」と鷲見は言っているが、指示代名詞 Ça をそのまま《それには》と訳す代わりに《その絵には》としたのは、このような翻訳のイロハによる（第三章6節、第四章14節）。西欧諸言語を雛形として文法を成立させた経緯もあって、日本語においても、さながら西欧諸言語と同じように代名詞が機能していると思いこんでいる向きがあるが、日本語には西欧諸言語の代名詞に相当するものがない、あるいは日本語の代名詞機能は極端に不充分であると考えるのが今日では一般的となっている。(8)

serpent boa は、プレイヤッド版『サン゠テグジュペリ全集』校訂者の一人ミシェル・オトランの注によれば、「通常、単に boa「ボア」とだけ言う。それをここでわざわざ serpent boa「大蛇ボア」と言っているのは、子どもたちに分かりやすくする配慮から、ないしは、物語の中で、次にこのヘビが話題になる箇所に合わせてのことだろう(9)」とのことである。serpent boa はボア科ボア亜科に属するヘビの総称だが、これを拙訳では《ボアという種類の大蛇》と訳した。訳文に最小限の説明を含めるのは、訳注を付けない場合の翻訳の常套手段だからである(第三章4節)。

次の Voilà la copie du dessin.〈そこにその絵の写しがあります〉を《その絵をここにかき写しておきます。》と拙訳がしているのは、名詞 copie の動詞表現化によって、叙述をより具体的にしたものである。

5　本の内容の明示、大蛇ボアの説明

On disait dans le livre :〈本の中では言っていた、つまり〉を拙訳は《本には、こんな説明が

ありました。》とした。ここで重要なのはその次に〈すばらしい絵〉についての説明が来ることであって、原文の「:」（「つまり」という意味の句読記号）を工夫して訳し、《こんな説明》とすれば、そのことが読者の頭にごく自然に入るのである。原文の「:」に注意せず、本の中に何か不特定のことが書いてあったような印象を与える訳をしたのでは、〈すばらしい絵〉への焦点がぼやけてしまう。この部分の訳で最も多いのが《その本にはこう書いてありました。》（KOJ、YA、IS）、《本にはこう書いてあった――》（池澤）、《本にはこう書いてあった。》（TA、NO）といったタイプの訳である。

《本にはこう書かれていた。》（MI）、《その本のなかにはこう書かれていた。》（KA+T）、《本にはこう書かれていた、「〔……〕」、と。》（FU）のように、自然な日本語である《書いてあった》をことさら受動態にして《書かれていた》としたものもある。これはおそらく、主語を明示しないで、受動態を能動態に変換するときに、主語として不定代名詞 on を立てるフランス語のパターン（の逆）に引きずられたのだろうが、あくまでも自然な日本語を追求するのが（論文ではない、物語の）翻訳の基本である。

《その本には、「〔……〕」と書いてありました。》（内藤）、《その本には、「〔……〕」と書いてあった。》（倉橋）、《そこには、「〔……〕」という説明《せつめい》が書かれてありました。》（KA）と数行（「〔……〕」の部分）にわたって、文を分断するのも避けるほうがよい。《本には説明もあった。》（KON）、《そこには、「〔……〕」という説明《せつめい》が書かれてありました。》（KA）と拙訳初版刊行後数ヶ月を経過して出版された邦訳に初めて《説明》という訳語が登場している。

本にある大蛇ボアについての説明に移ることにしよう。最初の文章 Les serpents boas avalent leur proie tout entière, sans la mâcher. は拙訳では《大蛇ボアは獲物《えもの》を噛《か》まずにまる呑みにします。》としてある。この文章の訳については、ほかの翻訳例もすべて大同小異である。問題は次の文章 Ensuite ils ne peuvent plus bouger et ils dorment pendant les six mois de leur digestion. 《そうして、そのあとは動けなくなってしまいます。獲物を消化するのに六ヶ月かかりますが、その六ヶ月のあいだ眠《ねむ》りどおしに眠るのです》（拙訳）である。最後の pendant les six mois de leur digestion の six mois に定冠詞 les が付いているのは〈消化には六ヶ月かかるものだ〉ということを表しているからである。その決まった〈六ヶ月のあいだ大蛇ボアは眠る〉のである。この意味の翻訳例は、《そのあとはもう動くことができず、消化に要する半年間眠りつづける。》（YA）、《そうするともう動けなくなって、餌がこなれるまでの六ヶ月間、眠りにつくのです》（IS）の二例である。〈大蛇ボアは六ヶ月間眠り、その間に獲物が消化される〉という意味ではないのだが、この意味の翻訳例としては《すると、もう動けなくなって、半年のあいだ、ねむっているが、そのあいだに、のみこんだけものが、腹のなかでこなれるのである》（内藤）、《半年のあいだ眠りながら、飲みこんだ獣を消化するのである》（KOJ）、《［……］その後は動けなくなって、半年の間眠っている。その間に呑みこんだ獲物が消化される》（倉橋）、《そのあとはじっと動かずに、6か月のあいだ眠ったまま、消化されるのを待っている》（KA+T）、《すると動けなくなり、六ヶ月間ねむりつづけ、食べものを消化する》（FU）、《すると自分も、もう動けなくなり、六か月のあいだ眠《ねむ》って、えものを消化していきます》（KON）、《そのため、のみこんだあとは身動《みうご》きできず、六か月間眠《ねむ》ってその獲物を消化《しょうか》するのです》（TA）、《するともう動けなくなり、六ヶ月のあいだ眠ったままで消化するのです》（NO）がある。なお、この部分の訳が曖昧なものが《それからもう動けなくなって、消化のために六か月のあいだ眠《ねむ》るのです》（MI）、《そのあとは動けなくなって、消化が済むまで6か月の間ずっと眠っている》（池澤）、《そうするとそのまま動けなくなって、そのごちそうがおなかの中でこなれるまで、半年ぐらいのあいだ、ずっと眠っています》（KA）である。

6 擬態語・擬声語の効果、直接話法への変換

J'ai alors beaucoup réfléchi sur les aventures de la jungle et, à mon tour, j'ai réussi, avec un crayon de couleur, à tracer mon premier dessin. を拙訳では《ジャングルでは、いったいどんなワクワクする冒険《ぼうけん》が、ぼくたちを待ちうけているのだろうか。あれこれ考えながら、ぼくは今度は自分で色鉛筆《いろえんぴつ》を使って、なんとか初めて絵をかきました。》とした。文脈からしてここでは aventure は「予期せぬ出来事、驚くべき出来事、誰かの身に関わるすべてのこと」（*Le Grand*

Robert）のうちでも「予期せぬ出来事、驚くべき出来事」に重きが置かれたニュアンスであり、複数でよく使われる「運任せの危険な企て」（同書）という意味でもある。だからこそ、それに刺激されて、自分でも初めて絵を描いてみようという気に六歳の話者はなったのである。このような文脈に即して、前述の擬態語・擬声語の効果（第四章3節）を使い、《ワクワクする冒険《ぼうけん》》とした。また《ワクワクする冒険《ぼうけん》が、ぼくたちを待ちうけている》としたのは、名詞の動詞化の原則による。さらに《いったいどんなワクワクする冒険が、ぼくたちを待ちうけているのだろうか。》と直接疑問文に仕立てた。これは、フランス語は間接話法によって、外界の出来事を話者が自分の頭の中で一旦捉え直し、再構成してから表現するのを好むのに対して、日本語は外界の出来事を話者が現実にできる限り近い状態で、生《き》のままに再現する直接話法を好むことによる（第四章8節・9節）。このほうが六歳の話者の胸のときめきが邦訳の読者の胸に直《じか》に伝わると考えたのである。

alors〈そこで〉は文脈からして自明なので、これを省いた。《〔……〕ぼくたちを待ちうけているのだろうか。》と直接話法で前の文章を切ったことを受けて、J'ai beaucoup réfléchi を《あれこれ考えながら》と訳し、次の et, à mon tour《今度は自分で》以下の文章に続けた。

sur les aventures de la jungle〈ジャングルでの冒険について〉の名詞を動詞化し、かつ、直接話法に仕立てた例は拙訳のほかには、《ジャングルのなかでは、いったい、どんなことがおこるのだろうと、いろいろ考えてみました。》（内藤）、《ジャングルの中ではいったいどんなことが起こるのだろうとあれこれ考えてみた。》（倉橋）であり、翻訳の技術を身に付けた訳者に見られるものである。

大半は動詞化をせずに名詞のままで、《ジャングルの中で起こっているさまざまな冒険について、あれこれと考えをめぐらせました。》（KOJ）、《ジャングルで出会う、わくわくするような出来事について思いを巡《めぐ》らせ、》（MI）、《ジャングルでの出来事についていろいろ考えました。》（YA）、《ジャングルの冒険についていろんなことを考え、》（池澤）、《ジャングルでおきているいろんなできごとをよくよく考えてから、》（FU）、《ジャングルで起こるできごとについてあれこれ思いをめぐらせると、》（IS）、《ジャングルでの冒険《ぼうけん》についていろんなことを考え、》（KON）、《ジャングルで起《お》こる冒険《ぼうけん》をいろいろ考え、》（TA）、《ジャングルの冒険についてたっぷりと想像してみてから、》（NO）などとなっている。前置詞 sur イコール「〜について」という安易な思考の回路を断ち切り、自由に発想する習慣を付けることが肝要である。

しかし、だからといって、原文にない意味を付与などして原文を過剰に脚色してよいということにはならない。原文の理解とその日本語表現のぎりぎりの限界に挑戦し、最適な訳語・訳文を見出すのが翻訳の営為であり、その醍醐味である。この部分の訳で言えば、《ジャングルのなかでさまざまな動物たちが争っているところを想像して、》（KA＋T）、《ジャングルの中で起こるいろんなできごとを想像《そうぞう》してドキドキしました。》（KA）などというのは恣意が勝って、翻訳の限界を超えた、いわば翻案の領域に踏みこんだものである。このような恣意的な処理はまずそれが恣意的であることを自覚し、それを自らに堅く戒めなければならないことはいうまでもない。
次の et, à mon tour《今度は自分で》以下の文章を前の文章に続けて、重文のまま訳した例と、《ぼくは、それを読んで、ジャングルのなかでは、いったい、どんなことがおこるのだろうと、いろいろ考えてみました。そして〔……〕》（内藤）のように、原文の重文の切れ目である et の前で文章を独立させて、単文二つに仕立てた訳とが、他の邦訳のなかでは、相半ばといった様子である。重文のままだと全体の文章が長くなりすぎるので、単文二つに分割するほうがより分かりやすく、したがって、翻訳の常道に近い。
et, à mon tour《今度は自分で》以下の文章で使われる réussir は「良い結果を得る、求めていたことを達成する」（*Le Grand Robert*）であり、これに前置詞 à と動詞の不定形が続くと、その動詞の内容を達成するという意味になる。j'ai réussi, avec un crayon de couleur, à tracer mon premier dessin. は拙訳では《ぼくは今度は自分で色鉛筆《いろえんぴつ》を使って、なんとか初めて絵をかきました。》とした。これについては、《色エンピツで、ぼくのはじめての絵を、しゅびよくかきあげました。》（内藤）、《色鉛筆で、初めてのデッサンをうまく描きあげました。》（ＫＯＪ）、《色鉛筆《いろえんぴつ》を使って、僕の最初のデッサンを描《か》きあげることに成功した。》（ＭＩ）、《色鉛筆《いろえんぴつ》で、生まれてはじめての絵をみごとに描《か》き上げました。》（ＫＡ）、《色鉛筆《いろえんぴつ》を使《つか》って、生まれてはじめての絵をりっぱに描《か》きあげた。》（ＴＡ）というように〈じょうずに〉を強調した例が散見される。それよりも、《色鉛筆ではじめての絵をとにもかくにも描き上げた。》（倉橋）、《色鉛筆を使って最初のデッサンをなんとかかきあげました。》（ＩＳ）のように〈かろうじて〉というニュアンスを出すか、あるいは、《色鉛筆を手にして、わたしのはじめての絵を描き上げました。》（ＹＡ）、《色鉛筆で初めての絵を描《か》きあげた。》（池澤）、《色えんぴつではじめて絵を描《か》きあげた。》（ＫＯＮ）、《色鉛筆をにぎって、初めての絵を描き上げた。》（ＮＯ）のように〈かきあげた〉の〈あげた〉に軽く réussir の意味をこめたほうが、réussir のもとの意味に忠実で、文脈に即した訳になるだろう。《色鉛筆で、生まれてはじめて絵を描いてみた。》（ＫＡ＋Ｔ）、《色鉛筆でわたしのさいしょの絵を描《か》いた。》（ＦＵ）と réussir を無視するのは問題だが。

なお、フランス語の dessin は日本語の「デッサン」の語源ではあるが、意味が若干異なる。日本語の「デッサン」は「単色の線や筆触によって物の形・明暗などを描いたもの」（『広辞苑』）であり、彩色された絵とは区別される。これに対して、フランス語の dessin は日本語の「デッサン」に近い意味にも使われるが、もっと広く「線がきの方法により、平面上に、物や可視世界ないし想像世界を表現したり、暗示したりするもの」（*Le Grand Robert*）を意味する。本文の挿絵は彩色されていて単色ではないのだから、日本語の「デッサン」は当たらない。

Mon dessin numéro 1. Il était comme ça :《ぼくの一番目の絵。それはこんな絵でした。》（拙訳）はこれ以上にないくらいに単純な箇所である。表現や内容が単純であればあるほど、当然ながら何の苦もなく、すんなり読者の頭に入り、読者がいささかなりとも余分に頭を使うことがないようにしなければならない。そのためには、特に文章を二つに区切るならば、《僕の最初のデッサンです。それは、このようなものでした。》（KOJ）、《わたしの絵の第1号です。それはつぎのようなものでした。》（YA）、《僕の絵第一号だ。こんなふうだった。》（KON）、《ぼくの絵第《だい》一号《ごう》。それは、こんなふうだった。》（TA）などとするよりも、comme ça の指示代名詞 ça が《絵》を指すことをことさら明示して《僕のデッサン第一号。それはこんな絵だった。》（MI）、《わたしの絵の第一号さ。それはこういう絵だった。》（FU）、《マイ・デッサン第一号です。こんな絵でした。》（IS）としたほうが読者に対して親切である。ページのレイアウトの関係で挿絵の場所が移動したときには、《ぼくの絵の第一号です。それは、前のページのようなのでした。》（内藤）、《僕《ぼく》の絵の第一号です。それは上のようなものでした。》（KA）とその移動を明示することも必要である。文章を一つに続ける場合は、《私の絵の第一号はこんなものだ。》（倉橋）、《最初の絵は、こんなものだった。》（KA＋T）も可能であろう。《ぼくの作品第1号はこんな風だった――》（池澤）というように《――》を使って挿絵を指示するのもひとつの工夫である。

7　ヴィヴィッドな表現、直接話法への変換可能性の発見

J'ai montré mon chef-d'œuvre aux grandes personnes et je leur ai demandé si mon dessin leur faisait peur.《どんなもんだい、と得意顔で、ぼくはその絵をおとなたちに見せて、たずね

ました。「ぼくの絵、怖《こわ》いでしょ？」》（拙訳）という文章で、chef-d'œuvreは普通「傑作」と訳されることが多い。だが、この mon chef-d'œuvre「ぼくの傑作」は単に六歳のころの話者「ぼく」がそう思っているだけなので「ぼくの自信作」くらいの意味である。「おとなたちに見せた」ことに掛けて《どんなもんだい、と得意顔で、ぼくはその絵を》と拙訳はした。

　子どもが生まれて初めて絵を描いて、すばらしい絵がかけたと思いこんでいる、興奮冷めやらぬ様子を思い浮かべてみる。シチュエーションを具体的に想像することが翻訳のコツである。そのような興奮冷めやらぬ子どもの様子をフランス語では、原文にあるとおりの chef-d'œuvre〈傑作〉という、たいそう大袈裟だが、我々の感覚からすればそっけない一語に凝縮させる。それに対して、前述のように、現実を生《き》のままに表現する特質を持つ「刺身文化」の日本語（第四章1節）では、拙訳に示したようなヴィヴィッドな表現になる。このようなヴィヴィッドな表現に置き換えて初めて、日本語の読者には、自信満々の最初の絵をおとなたちに否定されたことで、ついには《画家になる、すばらしい将来《しょうらい》を諦《あきら》めた》という大袈裟な話者の人生の転換が合点がゆくのである。フランス語と日本語の文化的・言語的背景の違いを念頭に、翻訳の日本語表現を考えなければならない。《どんなもんだい》としたのは、フランス語の原典テクストの中に直接話法への変換可能性を発見すること

が日本語らしい翻訳の要件となるからである（第四章9節）。また、先述の「フランス語名詞の訳しほどきかたを工夫[10]」した結果でもある（第四章2節）。

次の je leur ai demandé 以下の間接疑問文を直接疑問文にしたのは、これも、フランス語は間接話法を多用し、日本語は直接話法を多用する傾向があるといった両言語の性質の違いを考慮に入れる翻訳の常道（第四章8節）からである。このような翻訳の常道を、翻訳技術の未修得者は時として「意訳だ」とか、「誇張だ」とか言って目くじらを立てることがある。フランス語と日本語の両者についての言語感覚を研ぎ澄ますこと、文脈を的確に把握することが肝要である。

mon chef-d'œuvre「ぼくの自信作」についても、間接疑問文の直接疑問文への変換についても勘所を押えて、拙訳に近い処理をしているのは《ぼくは、鼻たかだかと、その絵をおとなの人たちに見せて、〈これ、こわくない？〉とききました。》という内藤訳、《私は得意になってその傑作を大人に見せ、「これ、怖《こわ》くない？」と訊《き》いた。》という倉橋訳である。

第一点の mon chef-d'œuvre「ぼくの自信作」について拙訳と同様の処理をしているのは見当たらず、第二点の間接疑問文の直接疑問文への変換についてのみ同様の処理をしているのは《僕はこの傑作《けっさく》をおとなたちに見せて、僕のデッサン、怖《こわ》くない？　とたずねた。》（MI）、《ぼくはこの傑作《けっさく》を大人たちに見せて、この絵、怖《こわ》くない？　と聞いた。》（池澤）、《わたしは自分の「傑作」を大人たちに見せて、「この絵が怖くない？」と、たずねてみた。》（KA＋T）、《わたしは自分の傑作をおとなたちに見せると、この絵、こわい？　とたずねてみました。》（IS）、《この傑作《けっさく》を、僕はおとなたちに見せて、「この絵こわい?」と聞いてみた。》（KON）、《僕はこの傑作《けっさく》を大人《おとな》のひとたちに見せて、「こわいでしょ?」と聞きました。》（KA）、《ぼくはこの傑作《けっさく》を、おとなのひとたちに見せ、ねえ、怖《こわ》いでしょ、とたずねた。》（TA）である。

第一点、第二点いずれも拙訳と処理が異なるのは《ぼくはこの傑作を、おとなの人たちに見せて、怖くないかと訊《き》きました。》（KOJ）、《わたしは自分の傑作を大人のひとたちに見せました。そして、わたしの絵が怖いかどうかたずねてみました。》（YA）、《わたしはこのけっさくをおとなたちに見せて、こわくないかとたずねてみた。》（FU）、《できあがった傑作をおとなたちに見せて、こわいかどうか聞いてみた。》（NO）である。

Elles m'ont répondu : « Pourquoi un chapeau ferait-il peur ? » 〈「どうして、帽子が怖いなんてことがあるだろうか?」とおとなたちはぼくに答えました。〉については、ferait という faire の条件法現在が反語を表し、「帽子が怖いなんてことがあるだろうか?」「いや、怖いなんてことはない」という意味になっているのはいうまでもない。この部分を前の文からの流れを尊重し、かつ、リズムを考えて、拙訳では《すると、おとなたちの答えは「帽子《ぼうし》なんかが怖いわけないだろ?」》と、〈答えました〉という動詞を〈答え〉という名詞にし、かつ、その名詞に対応する述語動詞を省いて日本語にした。品詞をかなり自由に（しかし、むろん、的確に）他の品詞に置き換えるのが翻訳の技術だということは、本書第四章でも具に指摘したところであり、翻訳技術解説書が異口同音に強調するところである。《すると答えはこうだった。「どうして帽子《ぼうし》がこわいの？」》（KON）と《おとなたちの答えはこうだった――「いったいどうして、帽子がこわいんだい？」》（NO）の両者（いずれも拙訳刊行後かなり経って上梓）が動詞の名詞化を行っている。

第七章　『星の王子さま』翻訳実践Ⅲ

——第XXI章「なじみになる」

この世にたった一輪しかないバラの花を宝ものにしていると思っていた王子さま。一つの庭だけで五千本ものバラが咲いている。自分の星のバラが実はどこにでもある、平凡な花だった。そう分かって、すっかり気落ちしてしまう。そんなとき、王子さまの前に突然キツネが現れる。そうした第XXI章から、まず、キツネが apprivoiser「なじみになる」について縷々説明するくだりを見てみよう。「君、ニワトリがほしくて、やって来たの?」というキツネの質問に王子さまが答えるところからである。

« [...] — Non, dit le petit prince. Je cherche des amis. Qu'est-ce que signifie "apprivoiser" ?

— C'est une chose trop oubliée, dit le renard. Ça signifie "créer des liens..."

— Créer des liens ?

— Bien sûr, dit le renard. Tu n'es encore pour moi qu'un petit garçon tout semblable à cent mille petits garçons. Et je n'ai pas besoin de toi. Et tu n'as pas besoin de moi non plus. Je ne suis pour toi qu'un renard semblable à cent mille renards. Mais, si tu m'apprivoises, nous aurons besoin l'un de l'autre. Tu seras pour moi unique au monde. Je serai pour toi unique au monde...

— Je commence à comprendre, dit le petit prince. Il y a une fleur... je crois qu'elle m'a apprivoisé...

— C'est possible, dit le renard. On voit sur la Terre toutes sortes de choses...

— Oh ! ce n'est pas sur la Terre », dit le petit prince.

Le renard parut très intrigué :

« Sur une autre planète ?

— Oui.

— Il y a des chasseurs, sur cette planète-là ?

— Non.

— Ça, c'est intéressant ! Et des poules ?

— Non.

— Rien n'est parfait », soupira le renard.(一)

"No," said the little prince. "I am looking for friends. What does "tame" mean? "

"It is a matter too often forgotten," said the

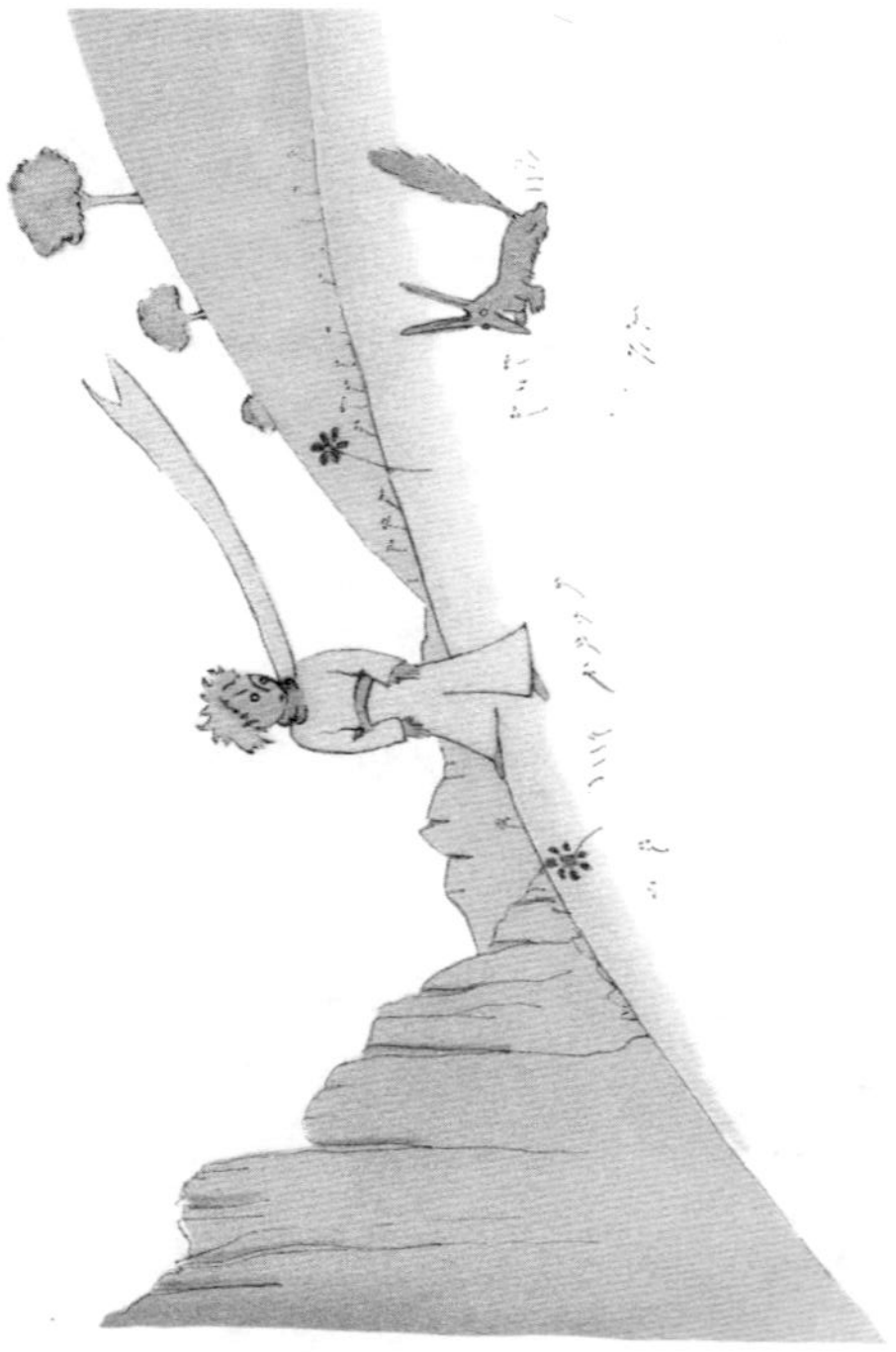

fox. "It means "to create ties..."."

"To create ties?"

"Of course," said the fox. "To me, you are still only a little boy just like a hundred thousand other little boys. And I don't need you. And you don't need me, either. To you, I am only a fox just like a hundred thousand other foxes. But, if you tame me, we shall need each other. You will be unique in the world to me. I will be unique in the world to you..."

"I am beginning to understand," said the little prince. "There is a flower... I think she has tamed me..."

"It is possible," said the fox. "One sees, on Earth, all sorts of things..."

"Oh! It is not on Earth," said the little prince.

The fox seemed very much intrigued.

"On another planet?"

"Yes."

"Are there hunters on that planet?"

"No."

"That is interesting! And chickens?"

"No."

"Nothing is perfect," sighed the fox.

「そうじゃないさ」と王子さまは答えました。「ぼくは友だちがほしいんだよ。『なじみになる』っていったいどういうことなの?」

「みんながふだんは思ってもみないことなんだ」とキツネは答えました。「それはねえ、『きずなを結ぶ……』ってことだよ」

「きずなを結ぶ?」

「そうだよ」とキツネは言いました。「君はまだぼくには、ほかの十万人の子どもとまるで違《ちが》いがない子どもさ。だから、ぼくは君がいてもいなくても気にしない。君のほうでも、君はぼくがいてもいなくても気にしないだろ。ぼくは君には、十万匹《じゅうまんびき》のキツネと同じような一匹のキツネさ。だけど、君がぼくのなじみになってくれたら、君とぼくとはお互《たが》いになくてはならない者同士になる。君はぼくにとって、この世でたった一人の子どもになるし、ぼくは君にとってこの世でたった一匹のキツネになるのさ……」

「少し分かってきたよ」と王子さまは答えました。「花が一輪咲《さ》いていて……。その花はぼくのなじみになってくれたと思う……」

「そうだろうね」とキツネは答えた。「地球上では、なにが起こったっておかしくないからねえ……」

「違うよ、地球上なんかじゃないよ」と王子さまは言い返しました。

キツネは、はてな？　と思いました。

「地球じゃない星でのことなの？」

「そうだよ」

「その星には、狩人《かりうど》たちはいるの？」

「いないさ」

「そいつはいいや！　で、ニワトリは？」

「いないさ」

「願ったり叶《かな》ったり、ってことはないんだなあ」とキツネはため息をつきました。(2)

1　キーワードの統一的訳語

Qu'est-ce que signifie " apprivoiser "? 《『なじみになる』っていったいどういうことなの？》（拙訳）の apprivoiser 《なじみになる》だが、この単語は同じ、サン＝テグジュペリ独自の特殊な意味で、『星の王子さま』の重要な箇所で合計十七回も使われている。そんなことから、この単語は物語全体の、間違いなくキーワードと見なしうる。特殊な意味のキーワードに対しては

（キーワードとして認識されなくなってしまうので）毎回異なる訳語を当てるべきではなく、同じ訳語をもって全編統一すべきなのは論を俟たない。

　ほとんどの邦訳が概ね訳語を統一しているのは当然である。二〇〇七年二月十七日放送のNHK・ETV特集「『星の王子さま』と私」では、apprivoiser に内藤訳と新訳がどのような訳語を当てているか、一覧表にしている。それによると、池澤、倉橋、FU、KA、KOJ、YA、SHIは《飼いならす》《飼い慣らす》《かいならす》を（ただし、KAは《心を通わせる》と、SHIは《育てる》と併用。倉橋は《仲良しになる》と併用だが、《仲良しになる》を圧倒的に多く使用）、三田、KON、NO、TAは《なつく》《なつかせる》を（ただし、NOは《なつかせる》のみ、TAは《なつく》のみ使用、KONは両者を併用、三田は《なつく》《知る》《《きずな》を結ぶ》を併用）、MIは《手なずける》を、KA＋TとISは拙訳と同じ《なじみになる》を用いている。

　以上のなかにも二、三の訳語を併用するものも見られるが、一九五三年から二〇〇四年まで翻訳独占権を保持した関係で唯一の邦訳であった内藤濯訳は訳語の統一を著しく欠いている。王子さまがキツネに出会い、キツネが口にした apprivoiser という言葉の意味を王子さまが尋ねるところ、そして、その直後のキツネの答えについては合計五回《飼いならす》という訳語を当てている（内藤、二〇〇〇年「オリジナル版」九三―九四頁）。その後の王子さまの言葉 Il y a une fleur… je crois qu'elle m'a apprivoisé… 《花が一輪咲《さ》いていて……。その花はぼくのなじみになってくれたと思う……》（拙訳）では、《その花が、ぼくになついて〔い〕たようだけど……》（内藤、同書九四―九五頁）というふうに《なつく》と訳している。その先のキツネの長い台詞では《あんたが、おれと仲よくしてくれたら》（同書九七頁）、《あんたがおれと仲よくしてくれたら》（同上）と二箇所で、さらに先では、《なんなら……おれと仲よくしておくれよ》（同上、その次の王子さまの台詞にある《ぼく、とても仲よくなりたいんだよ》は原文では Je veux bien (Pléiade, t. 2, chap. XXI, p. 295) であり、apprivoiser は使われていないので、カウントしない）、《おれと仲よくするんだな》（九八頁）、地の文で《王子さまは〔……〕キツネと仲よしになりました》（一〇〇頁）、王子さまの台詞で《だけどきみは、ぼくに仲よくしてもらいたがったんだ……》（一〇一頁）、庭のバラたちに対する王子さまの台詞で《だあれも、あんたたちとは仲よくしなかったし、あんたたちのほうでも、だれとも仲よくしなかったんだからね》（同上、二箇所）、かなり先の第XXV章で《仲のよいあいてができると》（一一七頁）という具合に、合計九箇所で《仲よくする》や《仲のよい》と訳している。王子さまがキツネに出会う第XXI章に戻ると、キツネの台詞では、《じぶんのものにしてしまったことでなけりゃ、なんにもわかりゃしないよ》（九八頁）において《じぶんのものにする》、《めんどうみたあいてには、いつまでも責任があるんだ》（一〇三頁）において《めんどうみる》という訳語を採用している。

内藤は《飼いならす》《なつく》《仲よくする》（あるいは《仲のよい》）《じぶんのものにする》《めんどうみる》と五種類の異なる訳語を当てている。ここまで拡散すると、これが単一のキーワードであることが日本の読者には皆目分からなくなってしまう。まるで内藤がこの apprivoiser の重要さを認識していなかったかのようである。

訳語がこれほど拡散するのには、そもそも作者のサン＝テグジュペリがこの apprivoiser という言葉に特殊な意味と特殊な用法を適用し、日本語になりにくいという面もあるにはある。

2 apprivoiser の意味と訳語

まず apprivoiser の通常の意味を確認するために、全九巻の仏仏辞典 *Le Grand Robert* でこの語を引いてみる。挙がっている用例なども勘案すると、(1)「なついていない野生動物」を対象として、「人になつかせ、危険の少ないものにする」、あるいは、(2)「人間」を対象として、「より従順に、より穏和に、より人当たりがよく、より柔軟に、より御しやすくする」となる。(2)は(1)から派生して、ある種、人間を動物に見立てた用法で、(1)は「(動物を) 飼いならす」、(2)は「(人を)手なずける」くらいの日本語が相当しよう（一般に普及している3種類の仏和辞典、『クラウン仏和辞典』『プチ・ロワイヤル仏和辞典』『Le Dico 現代フランス語辞典』はいずれも、apprivoiser の訳語として、まず「飼いならす」を、次に「手なずける」等を掲げている）。
動物であるキツネを目的語として想定し、この語は最初は登場するので、「飼いならす」でよさそうに思える。だが、すぐにこの語にサン＝テグジュペリが籠めた独特の意味に突きあたる。

これが créer des liens〈絆を結ぶ〉という意味だとキツネが説明する。さらにキツネは、「お互《たが》いになくてはならない者同士になる」（拙訳一一七頁）すなわち、お互いに相手をかけがえのない存在であると認識しあうことだと続ける。こうなると、人間同士の対等の関係を想定しているのであって、「（動物を）飼いならす」とか「（人を）手なずける」とかいう主従関係ないし上下関係は当てはまらないことが分かる。また、キツネは apprivoiser するには焦ってはならず、時間を掛ける必要があることも強調している。こうしたことをすべて考慮し、十七箇所すべてに違和感なく適用できる訳語として《なじみになる》を拙訳では考えたしだいである。

NHK・ETV特集「『星の王子さま』と私」（二〇〇七年二月十七日放送、同年六月十日再放送）ではインタビューに答えて、《なじみになる》という訳語について筆者は次のように説明した。

> まず最初にキツネに対して使われるので、この言葉を《飼いならす》と、――おそらく仏和辞典の訳語をそのまま使って訳す場合があるわけですけれども――そのあと、文脈からすると、これがもっと豊かな意味を持っていることが分かってくるわけなんですね。つまり、そのあと、この apprivoiser という言葉についてキツネが créer des liens《絆を結ぶ》という意味だというふうに説明をしますし、また、この apprivoiser ということは、その結果、相手が自分にとって、同時に自分が相手にとって、かけがえのない存在になるということも表します。そして、apprivoiser するためには、忍耐、時間が必要であるということも出てき

ます。それを表すのに、《なじみになる》という言葉。《なじみ》ということは、時間とか忍耐を想定するような、そういう考え方ができる言葉であります。さらに、かけがえのない存在になるという意味をも持たせうる言葉でありまして、〔……〕そうすると、総合的に考えて、まあ、いちばん適当と思われる訳語が、《なじみになる》という訳語だろうと私は考えたわけなんです。

3　「比較第三項」の的確な「方向的等価」

第一章2節と3節でナイダとテイバーによる翻訳の定義を吟味し、その問題点と「比較第三項」tertium comparationisという概念について論じたあと、第一章10節において、翻訳実践のために、ナイダとテイバーの定義に替えて、筆者の側から独自の翻訳の定義を提唱した。それは「原典テクストの「ゼロ度の比較第三項」に最も近い（「意味」を最大限追究した）方向的等価を目的言語において実現するのが翻訳である」というものであった。これを実際の翻訳の場面で思い起こしていただきたい旨、申し添えた。また、「ゼロ度の比較第三項」に能うかぎり近づく（「意味」を最大限追究する）際、コンテクストが重要であることも強調した（第一章11節、第二章9節）。こうした翻訳の方法をどのように実践するか。avoir besoin de～という表現に着目しつつ、見てゆくことにしよう。

avoir besoin de ~ の表現で、前置詞 de のあとには〈人〉〈物〉いずれも置きうる。仏仏辞典 *Le Grand Robert* でこの表現を引き、挙げられている多数の例文を検討すると、この表現が「~を必要とする」という意味を持ちながら、「有用である」から「必須(不可欠)である」まで、かなり広いニュアンスのレンジをカバーしていることが分かる(apprivoiser とは異なり、この表現は通常の意味の範囲内で使用されており、キーワードとして扱うには及ばない)。ニュアンスのレンジが広いとなると、今問題にしている原典テクストではどのようなニュアンスで用いられているかをコンテクストから導き出す必要がある。

Mais, si tu m'apprivoises, nous aurons besoin l'un de l'autre. Tu seras pour moi unique au monde. Je serai pour toi unique au monde... 《だけど、君がぼくのなじみになってくれたら、君とぼくとはお互《たが》いになくてはならない者同士になる。君はぼくにとって、この世でたった一人の子どもになるし、ぼくは君にとってこの世でたった一匹のキツネになるのさ……》(拙訳)に注意しよう。nous aurons besoin l'un de l'autre〈お互いに相手が必要となる〉とは、そのあとの Tu seras pour moi unique au monde. Je serai pour toi unique au monde... 《君はぼくにとって、この世でたった一人の子どもになるし、ぼくは君にとってこの世でたった一匹のキツネになるのさ……》、つまり、〈互いに相手が世界で唯一の存在になる〉ことと説明される。〈かけがえのない〉という、きわめて強いニュアンスが籠められていることが分かる。そこで、この〈お互いに相手が必要となる〉部分を《君とぼくとはお互《たが》いになくてはならない者同士になる》という具合に《なくてはならない》と訳した。また、前のほうの Et je n'ai pas besoin de toi. Et tu n'as pas besoin de moi non plus. における avoir besoin de ～ の否定形は、こうした強いニュアンスの対極の意味になり、〈いてもいなくてもどうでもよい〉ないし〈いてもいなくても気にしない〉となる。この二文を《だから、ぼくは君がいてもいなくても気にしない。君のほうでも、君はぼくがいてもいなくても気にしないだろ。》と拙訳した所以である。

4 仏和辞典の訳語に頼らない

他の邦訳に目を転じると、例えば前者 Et je n'ai pas besoin de toi. Et tu n'as pas besoin de moi non plus. を《だから、ぼくはきみを必要としていない。それにきみだって、ぼくを必要としていない。》と、後者 nous aurons besoin l'un de l'autre を《ぼくたちはお互いに相手が必要になる。》と訳すKOJのように、〈必要とする〉〈必要になる〉（あるいは〈必要である〉〈必要な〉〈ひつような〉）と訳しているのは、倉橋、FU、MI、TA、SU、KA（ただし、KAは前者の第一センテンスのみは《きみっていう子がいなくたって、ぼくはべつにどうってことないんだ。》という訳）、KA＋T（ただし、後者は《お互いになくてはならないものになる。》という訳）、IS（ただし、前者は《だから、ぼくはべつに君がいなくてもいいし、君のほうも、ぼくがいなくたってかまわない。》という訳）、NO（ただし、前者はISに近く《ぼくにとっては、きみがいなくたってかまわないし、きみだって、ぼくなんかいなくてもいいだろ。》という訳）などである。

内藤は前者を《だから、おれは、あんたがいなくたっていいんだ。あんたもやっぱり、おれがいなくたっていいんだ。》とし、後者を《おれたちは、もう、おたがいに、はなれちゃいられなくなるよ。》としている。《はなれちゃいられなくなる》は〈かけがえのない〉という、きわめて強い意味からすると、いくらか弱い感はある。池澤は《きみがいなくたって別にかまわない。おんなじように、きみだっておれがいなくてもかまわない。》《おれときみは互いになくてはならない仲になる。》としている。KONは池澤訳に近似し、《だからぼくは、べつにきみがいなくてもいい。きみも、べつにぼくがいなくてもいい。》《ぼくらは互《たが》いに、なくてはならない存在《そんざい》になる。》としている。三田は少々風変わりな処理をしている。《だから、あんたのことなんて、どうでもいい。あんただって、わたしのことなんか、どうでもいいと思《おも》っているだろ?》《わたしたちはもう、どうでもいいなんて言《い》っていられなくなる。》という具合に、avoir besoin de～の否定形を《どうでもいい》と訳しておいて、この肯定形のほうを《どうでもいい》を否定して《どうでもいいなんて言っていられなくなる。》としているのである。

前述の、一般に普及している3種類の仏和辞典、『クラウン仏和辞典』『プチ・ロワイヤル仏和辞典』『Le Dico 現代フランス語辞典』のいずれもが、avoir besoin de～の訳語として、「～を必要とする」または「〜が必要だ」を掲げている。ここでも、辞典に記載されたままの訳語を使っている邦訳があまりに多い。辞典記載の訳語はある意味パン＝フォーカスであり、広範囲にぼんやりと焦点を漂わせたものにならざるをえないところがある。それをそのまま使っては、ぴしっと焦点が合った訳にならない場合が往々にしてある。このことを銘記すべきである。しばしば辞書の訳語を当てはめて良しとする講読訳とは、くどいようだが、出版訳は違うのである。それに第一、パン＝フォーカス的な訳では、原典テクストの意味を的確に捉えた表現（原典テクストの意味を翻訳者が理解していることが分かる表現）にもならない。したがって、「原典テクストの「ゼロ度の比較第三項」に最も近い（「意味」を最大限追究した）方向的等価を目的言語において実現する」ことにならないのである。

第八章　『星の王子さま』翻訳実践Ⅳ

——第XXI章「大切なものは目には見えない」

「なじみになる」ことがどれほど大切か。どうしたら「なじみになる」ことができるのか。「ならわし」とはどういうものか。王子さまはキツネから説明を受けたあと、自分自身、キツネの「なじみになる」。王子さまとの別れの日が近づき、キツネはもう一度庭のバラたちに会いに行くように王子さまに勧める。そうすれば、「君のバラが、この世でたった一輪の大切なバラだ」ということが分かるだろうと予告する。そのあと、改めてキツネに別れを告げに戻ってきたときに、「一つ大切な秘密の贈り物をあげる」とキツネは王子さまに約束する。

Et il revint vers le renard :

« Adieu, dit-il...

— Adieu, dit le renard. Voici mon secret. Il est très simple : on ne voit bien qu'avec le cœur. L'essentiel est invisible pour les yeux.

— L'essentiel est invisible pour les yeux, répéta le petit prince, afin de se souvenir.

— C'est le temps que tu as perdu pour ta rose qui fait ta rose si importante.

— C'est le temps que j'ai perdu pour ma rose... fit le petit prince, afin de se souvenir.

— Les hommes ont oublié cette vérité, dit le renard. Mais tu ne dois pas l'oublier. Tu deviens responsable pour toujours de ce que tu as apprivoisé. Tu es responsable de ta rose...

— Je suis responsable de ma rose… » répéta le petit prince, afin de se souvenir.[1]

And he went back to the fox:

"Goodbye," he said…

"Goodbye," said the fox. "Here is my secret. It is very simple: one only sees clearly with the heart. What is essential is invisible to the eyes."

"What is essential is invisible to the eyes," repeated the little prince, so as to remember.

"It is the time you have lost for your rose that makes your rose so important."

"It is the time I have lost for my rose…" said the little prince, so as to remember.

"People have forgotten this truth," said the fox. "But you must not forget it. You become responsible forever for what you have tamed. You are responsible for your rose…"

"I am responsible for my rose…" repeated the little prince, so as to remember.

そんなことがあってから、王子さまはキツネのところに戻ってきました。

「それじゃ、さようなら」と王子さまは言いました……。

「それじゃ、さようなら」とキツネが答えました。「これから、ぼくの知っている秘密を教えてあげるよ。とても簡単《かんたん》なことさ。心で見なければ、よく見えてこない。大切なものは目には見えないんだ」

「大切なものは目には見えない」と王子さまは何度も口に出して、しっかり覚えようとしました。

「君が君のバラのために失った時間こそが、君のバラをかけがえのないものにしているんだよ」

「ぼくがバラのために失った時間こそが……」と王子さまは何度も言って、しっかり覚えようとしました。

「人間たちはそういう真実を忘《わす》れてしまっているんだ」とキツネは言いました。「でも、君はそれを忘れちゃいけないよ。君が自分でなじみになったものに対して、君はずっと責任《せきにん》があるんだからね。君は君のバラに対して責任があるんだよ……」

「ぼくはぼくのバラに対して責任がある……」と王子さまは何度も言って、しっかり覚えようとしました。(2)

1　名詞を動詞に読みほどく

ここでも、コンテクストをふまえ、個々の semantic unit を理解しつつ、「原典テクストの「ゼロ度の比較第三項」に最も近い（「意味」を最大限追究した）方向的等価を目的言語において実現する」ことを実際にどのように行っているか。それをご説明することにしよう。

最初の文 Et il revint vers le renard〈そして、彼はキツネのほうに戻ってきた〉を《そんなことがあってから、王子さまはキツネのところに戻ってきました》と拙訳したが、ここにおいて、英語の and に当たる接続詞 et をなぜ《そんなことがあってから》と訳したか。

キツネに勧められて、庭のバラたちに会いに行き、自分の星のバラが自分にとってかけがえのないものであることを王子さまは確認した。そのうえで、これもキツネに言われたとおりに、王子さまはキツネのところへ別れを告げに来たわけである。こうしたキツネのところに戻ってきた経緯をすべて集約して接続詞 et がある。だから、こうした経緯を読者の頭に甦らせるために、この et を《そんなことがあってから》と訳したのである。これを辞書に載っている杓子定規な訳語で単に〈そして〉と訳したのでは、こ

のような効果は得られにくい。何か重要なことがあってから、そのあとのことを述べるのに、自然な日本語ではやはり「そんなことがあってから」を使うことにも思いを致さなければならない。

次の Voici mon secret. に移ることにしよう。voici は初級文法で習う〈ここに〜がある〉という言葉だが、これは叙述の約束事として、書き言葉においても、話し言葉においても、これから述べることを指示する機能を持つ。Voici mon secret. は〈これから述べることがぼくの秘密だ。〉という意味になる。《これから、ぼくの知っている秘密を教えてあげるよ。》と拙訳したが、ここでは、mon secret〈ぼくの秘密〉を、名詞を動詞に読みほどくという翻訳の基本に従って、《ぼくの知っている秘密》と訳している。〈ぼくの秘密〉とだけ訳したのでは、読者にとって曖昧であり、〈キツネの自分自身に関わる個人的な秘密〉という意味にも読者は受け取りかねないからである。この言葉のあとでキツネが王子さまに告げる〈秘密〉は一般的な真理であって、〈キツネの自分自身に関わる個人的な秘密〉ではない。

mon secret を〈ぼくの秘密〉とだけ訳して、あとは読者の判断に委ねるのは翻訳者の怠慢であると心得るべきである。原典テクストを百パーセント理解し、それを目的言語（この場合は日本語）で読者に微塵も誤解のないように伝えるのが翻訳者の仕事である（ただし、むろん、言語の指示機能に依拠しない、ないし依拠することの少ない原典テクストはこの限りでない。それは第一章9節で述べたとおりである。翻訳者の理解力不足を棚にあげて、言語の指示機能に依拠した原典テクストを依拠しないテクストと誤解する、または装うことをしてはいけない）。

2 物語全体のキーセンテンス(特に動詞 voir)をどう訳すか

Il est très simple《とても簡単《かんたん》なことさ》はよいとして、その次の on ne voit bien qu'avec le cœur. L'essentiel est invisible pour les yeux. は単純な文章だけに(そして、むろん、この物語全体のキーセンテンスだけに)かなり注意を要する。《心で見なければ、よく見えてこない。大切なものは目には見えないんだ》と拙訳したが、(3) 他の邦訳もそれぞれ微妙に異なる訳文を提示している。

内藤は《心で見なくちゃ、ものごとはよく見えないってことさ。かんじんなことは、目に見えないんだよ》。池澤は《ものは心で見る。肝心《かんじん》なことは目では見えない》。倉橋は《心で見ないと物事はよく見えない。肝心なことは目には見えないということだ》。三田は《心《こころ》でなければ、ものは見《み》えないってことさ。かんじんなことは、目《め》では見《み》えないんだ》。FUは《こころで見なくちゃものごとはよく見えないってこと。いちばんたいせつなものは目に見えないのさ》。ISは《心で見ないと、なにも見えない。いちばん大事なことは、目には見えない》。KAは《ものごとは心でしか見ることができない。ほんとうに大切なことは、目には見えない》。KA+Tは《『ものごとは心でしか見ることができない』ってことなんだ。大切なことは目には見えないんだよ》。KOJは《心で見ないと、ものごとはよく見えない。肝心なことは、目に見えない》。KONは《ものごとはね、心で見なくてはよく見えない。いちばんたいせつなことは、目に見えない》。M

Iは《心で見なくっちゃ、よく見えない。いちばん大切なものは目に見えないんだ》。NOは《心で見なくちゃ、ものはよく見えない。大切なものは、目には見えないんだよ》。TAは《それは、心でしかものはよく見えないってことだよ。いちばんたいせつなものは、目には見えないんだ》。YAは《心で見なくちゃよく見えない。大切なことは目には見えないんだよ》としている。

まず、最初の文章 on ne voit bien qu'avec le cœur. だが、これをどこまで「原典テクスト」の「ゼロ度の比較第三項」に近い（「意味」を最大限追究した）訳文に仕立てられるかを拙訳は追究したつもりである。この文章の主語 on は、〈一般的な人を表す〉〈主語を明示しない〉〈nous をはじめとする他の主語人称代名詞に代わりうる〉といった多機能の、便利な不定代名詞である。ここでは、一般的な人を表すと考えられるが、このような場合、これをわざわざ《人は》と訳すのは稀である（第四章14節）。以上に引用したどの邦訳もこれを省略しており、順当な処理といえる。ne ... que ～ は「～しか…ない」、すなわち「～だけは…である」という〈肯定の限定〉である（これを否定表現の一種とするのは正しくない）。avec le cœur の前置詞 avec はここでは〈道具〉〈手段〉を表す。〈道具〉〈手段〉は動作主の積極的な行為を含意する。そこで、この部分は「心を用いて見ることによってのみ」となる。

動詞 voir はほぼ英語の see に当たり、受動的に外界や対象が目に入ってくることを表す。能動的に外界や対象を見る、英語の watch にほぼ当たる動詞 regarder と異なる。しかも、ここで（他動詞と自動詞の用法の両方がある）voir が目的語を取らず、自動詞として用いられている。副詞

bien「よく」が付加されて「よく見える」となっているが、重要なのは voir が目的語を取っていないことである。「何が見えるか」を示さないことによって、「心を用い（て見）ること」に焦点を当て、このことを強調しているのである。

上記のほとんどの邦訳がこの点を考慮せず、「物事」「ものごと」「もの」を「よく見える」の目的格として補ってしまっている（「物事は」「ものごとは」「ものは」の助詞「は」は主格ではなく、目的格であることはいうまでもない）。voir が自動詞であることの重要さに気づき、目的格を省いて《よく見えない》としているのはMIとYAである。奇しくもMIもYAも名だたるフランス文学研究者である。ただ、《よく見えない》では日本語として何か座りが悪い。拙訳では《心で見なければ、よく見えてこない》と第二章7節の「視点の同一化」および第四章1節の「曖昧な行動の方向性」を応用し、《くる》という対象から主体への運動の方向性を加えて訳した。

3 物語全体のキーセンテンス（特にL'essentiel）をどう訳すか

L'essentiel est invisible pour les yeux.《大切なものは目には見えないんだ》（拙訳）に移ることにしよう。まず、主語の L'essentiel だが、これはいうまでもなく、「本質的な」という意味の形容詞 essentiel に定冠詞の le が付いて、「本質的なもの」「本質的なこと」と名詞化したものである。

これを《いちばんたいせつなもの》（FU、TA）、《いちばん大切なもの》（MI）、《いちばんたいせつなこと》（KON）、《いちばん大事なこと》（IS）などと、わざわざ最上級にする必要があるかどうか。筆者は否と考える。最上級にすると、当然ながら、単一のものを指す方向性が極度に高まる。つまり、限定されすぎるのではないかと危惧する。ここはもっと漠然としたもの、もっと可能性の開かれたものを指しているのではないか、と思われるのである。次に、《大切なもの》なのか《大切なこと》なのか――《もの》なのか《こと》なのか――だが、「こと」は「意識・思考の対象のうち、具象的・空間的でなく、抽象的に考えられるもの」（『広辞苑』）であり、「もの」は「形のある物体をはじめとして、存在の感知できる対象。また、対象を特定の言葉で指し示さず漠然ととらえて表現するのにも用いる」（同書）ということ、それに、「目に見える」「見えない」対象が問題になっていることからすれば、具体性のある《もの》のほうがベターといえる。

さらに、このキーセンテンス全体の調子であるが、キツネの台詞だといっても、一般的な真理、格言として言われていることなので、あまりくだけた会話調は好ましくない。格言として切り取ることができる配慮も必要であろう。そこで、拙訳では《心で見なければ、よく見えてこない。大切なものは目には見えない》と切り出せるように、《心で見なければ、よく見えてこない。大切なものは目には見えないんだ》と、キツネの台詞としての語調を最後の《んだ》のみに留めた。

《心で見なくちゃ、ものごとはよく見えないってことさ。かんじんなことは、目に見えないんだよ》という内藤訳はキツネの台詞としての面を強調しすぎであり、格言としての面がその分薄まってしまっている。それに対して、《ものは心で見る。肝心《かんじん》なことは目では見えない》という池澤訳はもっぱら格言としての面のみを強調している。それに、格言としての面を強調するあまり、最初の文章 on ne voit bien qu'avec le cœur.（拙訳《心で見なければ、よく見えてこない》）を《ものは心で見る》と簡略化している。これでは、すでに説明したように、英語の watch にほぼ当たる動詞 regarder（見る）でなく、ほぼ英語の see に当たる動詞 voir（見える）がわざわざ用いられている意味がなくなってしまう。内藤訳と池澤訳の折衷的な調子――キツネの台詞としての面と格言としての面の中間的な調子――を取っているのが、《心で見ないと物事はよく見えない。肝心なことは目には見えないということだ》という倉橋訳である。

それから、《大切な》（拙訳、FU、KA、KA+T、KON、MI、NO、TA、YA）と《肝心な》（内藤、池澤、倉橋、三田、KOJ）のどちらがより適切かだが、これは（多数決を取るまでもなく）前者のほうがここでの訳語として優れている。「大切」は「大いに尊重すること。大いに重要なこと」（『広辞苑』）であり、「命を―にする」「―な書類」（同書）といった使われ方をする。また、「大いに愛すること。また、丁寧に扱うさま」（同書）でもあり、「―に使う」「おからだを―に」といった使われ方をする。一方、「肝心（肝腎）」は「（肝と心と、また、肝と腎とはともに人体に大事なところであるからいう）肝要。大切」（同書）であり、「―な点」「―な時にいない」「始めが―だ」（同書）といった使われ方をする。用例を見ると、「大切」は「肝心」よりも使用範囲が広いし、意味が強く、深いことが分かる。

4　perdre の意味

C'est le temps que tu as perdu pour ta rose qui fait ta rose si importante.《君が君のバラのために失った時間こそが、君のバラをかけがえのないものにしているんだよ》(拙訳)がC'est ～ qui …(…は～なのだ)という主語を強調する強調構文になっていることはいうまでもない。fait ta rose si importante《君のバラをかけがえのないものにしている》のは le temps que tu as perdu pour ta rose《君が君のバラのために失った時間》なのだ、ということになる。むろん、ある種、基本に忠実にこのように訳す方法もあるにはある。だが、le temps que tu as perdu pour ta rose が複文構造であり、訳文が煩雑になるのを避ける配慮をするほうがよい。そこで、主語を強調する別の、係り助詞「こそ」を用いた表現に拙訳はしたしだいである。

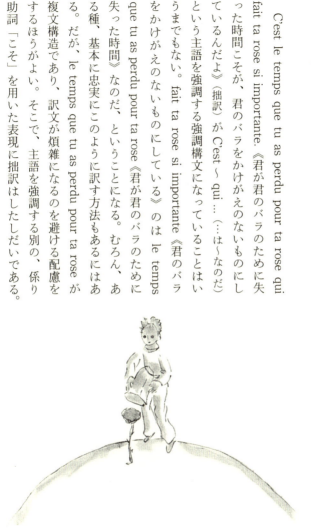

le temps que tu as perdu pour ta rose《君が君のバラのために失った時間》になぜ動詞 perdre が使われているか、フランス語を参照された読者のなかには、疑問に思われた方も少なくないだろう。perdre pour（ta rose）《（君のバラ）のために失う》も矛盾した言い方だとお感じだろうし、perdre した（失った）ことが fait ta rose si importante《君のバラをかけがえのないものにしている》も常識に反するとお考えだろう。それはそのとおりであって、ここはまさに常識の逆を行く、発想の逆転が行われているのである。まず、perdre の意味だが、これは、仏仏辞典、仏和辞典を引けば、「無駄にする」「損をする」「死別する」「破滅させる」といった否定的な意味で用いられることが確認される（ここでは le temps「時間」を直接目的語としているので、「失う」「無駄に用いる」「浪費する」という意味になる）。そこで、一見、矛盾が生じるわけである。その矛盾が因ってくる発想の逆転は、理念型としての「子どもの論理」をこの物語のコンテクストから読み解けば、容易に理解できる。読者が迷うことなく問題部分に到達できるように、作者は配慮をしていて、このキツネの言葉を読者が読んだ次の章、すなわち第XXII章に答えは用意されているのである。

5　コンテクストの重視

第XXII章では王子さまは転轍手（鉄道線路の分岐点に設けられた転路機、すなわち、ポイントを切りかえて、車両を他の線路上に導く作業員）に出会い、話をしている。おとなたちは意味もなく汽車で行き来しており、「子どもたちだけが、汽車の窓ガラスに鼻をつぶれるほどくっつけて、外を見ている」。転轍手のこうした指摘に、王子さまは答えて次のように言っている。「子どもたちだけが、自分がなにを探しているか、分かっているんだね。〔……〕ぼろ切れでできた人形のためにだって、子どもたちは平気で時間を失ってしまう。おかげで、その人形はとても大切なものになるんだ。だから、人形を取りあげられたりすると、子どもたちは泣いてしまうんだよ……」。この王子さまの言葉に、転轍手は「子どもたちはいいなあ」と羨望を口にする。「おとなの論理」からすると無駄なことに子どもたちは時間を費やす――つまり、時間を失う――が、これが「子どもの論理」からすると逆に有効に働き、そのことによって初めて対象を「大切なもの」にする。この「子どもの論理」は、ものの道理の少しは分かったおとなである転轍手の羨望するところとなり、肯定されている。この逆転の論理から、前章の《君が君のバラのために失った時間こそが、君のバラをかけがえのないものにしているんだよ》が因ってきているわけである。[4] le temps que tu as perdu pour ta rose《君が君のバラのために失った時間》の動詞 perdre を、この語の否定的な意味を籠めて《失う》と訳す必要のある所以である。

他の邦訳では、動詞 perdre を、《失う》と否定的な意味で訳した例は三田訳《あんたがむだにした時間《じかん》》に見られる。内藤訳は否定的な意味で訳してはいるが、《そのバラの花のために、ひまつぶししたからだよ》と《ひまつぶしする》という、あまりに突飛な訳語を用いている。これを（ある種客観的に事実を示す）いわばニュートラルな意味（この場合、フランス語では動詞は perdre ではなく passer や mettre を使うはずだが）に訳してしまっている例は《きみが〔……〕費やした時間》（池澤およびKON）、《君が〔……〕費《つい》やした時間》（MI）、《あんたが〔……〕ついやした時間》（TA）、《君が〔……〕時間をついやしたからこそ》（IS）、《おまえが〔……〕時間を費やしたから》（KA＋T）、《あんたがかけた時間》（倉橋）、《きみが〔……〕かけた時間》（YA）、《きみが〔……〕時間をかけたから》（KOJ）、《おまえが〔……〕つかった時間》（FU）、《きみが〔……〕過《す》ごしたその時間》（KA）に見られる。《世話する》という言葉を補うことまでして、ポジティブな意味を強調しているのは《時間をかけて世話したからこそ》（NO）であり、これはいっそう的を外している。

[...] répéta le petit prince, afin de se souvenir. [...] fit le petit prince, afin de se souvenir. [...] répéta le petit prince, afin de se souvenir. と三度（動詞を一度変えながら）繰り返される文章〈覚えるために、王子さまは繰り返した〉を拙訳では《〔……〕と王子さまは何度も口に出して、しっかり覚えようとしました。》《〔……〕と王子さまは何度も言って、しっかり覚えようとしました。》とした。これは〈目的〉表現は往々にして〈帰結〉表現に変換できるし、変換したほうがよい場合が多いという翻訳のイロハによる（第四章4節・5節）。また、原典テクストに登場する順番に semantic unit を訳すことで、原典テクストの思考の流れを尊重することにもなる。他の邦訳でも、〈帰結〉表現に変換とまでは行かないにしても、原典テクストに登場する順番に

semantic unit を訳している例に、《「……」と王子さまはくりかえした、忘れないために。》（MⅠ）、《「……」とちび王子《おうじ》はくりかえした。そのことばをわすれないように。》（SU）、《王子さまはくり返《かえ》した。けっしてわすれないように。》（TA）がある。

第九章　『星の王子さま』翻訳実践Ⅴ

――第XXVI章「(王子さまは)すうっと倒れたのです」

キツネから「大切な秘密の贈り物」をもらったあと、王子さまは街にやって来る。転轍手に会い、さらに「喉が渇かなくなる特効薬の錠剤を売る商人」に出会う。ここで王子さまの長い身の上話は終わるのだが、この時点で、飛行士が砂漠に不時着してから、すでに八日目（一週間目）になっている。飛行士は無謀と知りながらも、王子さまに言われるままに共に砂漠に井戸を探す。不思議なことに井戸が見つかり、「喉の渇きを癒す以上の」井戸の水を二人は飲む。

そうこうしているうちに、王子さまが地球に来てちょうど一年目が翌日に迫る。ふと見ると、古い石塀に座って王子さまが秘密めかした会話をヘビと交わしている。間髪を容れず飛行士は駆けつけ、ヘビを追い払う。

王子さまと話をするうちに、言葉の端々から、別れが近いことを飛行士は感じ取る。そして、一年目の夜、ついにその時がやって来るのである。

Il hésita encore un peu, puis il se releva. Il fit un pas. Moi je ne pouvais pas bouger.

Il n'y eut rien qu'un éclair jaune près de sa cheville. Il demeura un instant immobile. Il ne cria pas. Il tomba doucement comme tombe un arbre. Ça ne fit même pas de bruit, à cause du sable.(1)

He hesitated still a little, then he stood up. He took one step. I could not move.

There was nothing but a yellow flash near his ankle. He remained motionless for a moment. He did not cry out. He fell as softly as a tree falls. It did not even make a sound, because of the sand.

王子さまは少しばかりまた、ためらい、そのあと立ちあがりました。王子さまは一歩先に進んだのです。ぼくは動けませんでした。

王子さまの踝《くるぶし》近くで、黄色い光がピカッと走っただけでした。王子さまは一瞬《いっしゅん》動けなくなりました。声は立てませんでした。一本の木が倒《たお》れるように、すうっと倒れたのです。音さえもしませんでした、倒れたところが砂だったものですから。(2)

1　二重の額縁構造

形式上の特徴なので誰しも気づくことだが、この『星の王子さま』という作品は二重の額縁構造ないし入れ子構造を備えている。外側の額縁が冒頭の「レオン・ヴェルトへの献辞」と物語最終章のあとの子どもたちへの呼びかけである。さらに加えて、この冒頭と末尾のテクストに囲まれて、その内側にもう一つ額縁が設えられている。この内側の額縁を形成するのはまず「六歳《さい》のころでした。本を読んでいて、あるとき、すばらしい絵が目につきました。」に始まる物語第Ⅰ章から、第Ⅱ章半ばの、話者が「六年前」（拙訳一〇頁）砂漠に不時着し、王子さまが目の前に現れ、声をかけてくるあたり（拙訳一一頁）までの部分である。そして、それに対応し、内側の額縁を閉じるのは「そして、今となっては、言うまでもありませんが、もう六年も前のことです……。」（拙訳一六二頁）に始まる最終章、第XXVII章である。この内側の額縁は、飛行士が王子さまに出会う「六年前」までの出来事、そして、王子さまが消滅したあとの出来事であり、話者の身に実際に起こったこととされるので、主観的な過去形と言える複合過去が使われる。この額縁の内側に、飛行士が王子さまと出会う第Ⅱ章半ばから、王子さまが姿を消す第XXVI章終わりまでの、飛行士と王子さまに纏わる（客観的な過去形である単純過去を主体とする）物語本体部分が収納されているわけである。

ただ、見方によっては、この内側にさらにもう一つ額縁構造がある。それは、砂漠で飛行士と王子さまが会話する、第Ⅱ章半ばから第Ⅶ章までと第XXIV章から第XXVI章までを額縁として、その中に第Ⅷ章「王子さまとバラとのこと」から第XXIII章「王子さまと特効薬の錠剤を売る商人のこと」までの、王子さまが飛行士に語って聞かせる身の上話が収納されるものである。(3)

2　王子さまの消滅の多義性

この章では、こうした内側の額縁（見方によって、第三の額縁を想定すれば、第二の額縁）に収納される、飛行士が王子さまと出会う第Ⅱ章半ばから、王子さまが姿を消す第XXVI章終わりまでの、飛行士と王子さまに纏わる（客観的な過去形である単純過去を主体とする）物語本体部分の締め括りを扱うわけである。これは、同時に、物語本体部分のクライマックスともなって、きわめて重要なパッセージである。

地上に来てちょうど一年目に王子さまがヘビに噛まれて死に、魂となって自分の星へ帰るらしい。すべてが暗示的であって、ここは、そのようにおぼろげに想像できるのみとなっている。十字架にかけられたあとのキリストの亡骸《なきがら》が消えていた。このような『新約聖書』の記述を下敷きにしていることは、M・オトランの指摘（Antoine de Saint-Exupéry, *Œuvres Complètes II*, Pléiade,

p. 1354）を俟つまでもなく明らかである。砂のうえに倒れたはずの王子さまの体が翌朝には影も形もなくなっている。そして、物語のあとにある最後の読者へのメッセージで、砂漠で王子さまの姿を見かけたら手紙を書いて自分に知らせてほしい旨、飛行士が子どもたちに向かって頼んでいる。王子さまは死んだのでもなく、なんらかの物理的な方法で自分の星に帰ったのでもない。物理的な死ないし移動とも、幻想ともつかぬ、曖昧で多義的な王子さまの最後（または最期）。これを作者は細心の注意を払い、簡にして要を得た表現にみごとにまとめているのである。作者が凝らした、簡素ながら手のこんだ趣向を過不足なく読者に伝える。それが、当然ながら、ここでの翻訳者の役目となる。(4)

3 静かな表現による劇的効果

そこまで付いてきていた飛行士をその場に残して、王子さまは自分一人で最後の（最期の）瞬間を迎える場所に進み出る。その様子が冒頭の段落 Il hésita encore un peu, puis il se releva. Il fit un pas. に表現されている。ここで hésita〈ためらった〉、se releva〈立ちあがった〉、fit un pas〈一歩進んだ〉と三回続けて単純過去が用いられていることに注意しよう。単純過去は継起した事象を継起した順に時間軸上にピンで留める過去形である。いわば齣《こま》が一つずつ順に送られる齣送りのようなものである。王子さまは（少しの恐れ、ないし地球を去りがたい気持ちから）躊躇し、意を決して立ちあがり、一歩進む。三つの動作を描く三齣が一齣一齣順に送られているのである。これを、《王子さまは少しばかりまた、ためらい、そのあと立ちあがりました。王子さまは一歩先に進んだのです。ぼくは動けませんでした。》と「ためらい」「立ちあがり」「進んだ」と三齣の動きにアクセントを置きながら拙訳した。

Il fit un pas を《王子さまは一歩先に進んだのです。》と、〈先に〉と〈のです〉を付け加えて訳した。〈先に〉は最後の（最期の）瞬間を迎える場所に王子さまが決然と進み出たことを日本語訳においても明確化するためである。また、〈のです〉は進み出た決定的な王子さまの行為を読者の胸に刻むためである。

そのあと、Moi je ne pouvais pas bouger. にお

いて（過去における継続を表す）半過去が使われ、王子さまの三齣の動きの間、飛行士が（いわば金縛りに遭ったように）動けないでいたという、継続した事象ないし状態が表されている。これを、継続・状態が分かるように、《ぼくは動けないでいました》《ぼくは動けませんでした。》と拙訳した（《ぼくは動けないままでいました》も考えたが、ここまで訳すと、あざとさが出てしまうので思いとどまった）。

実に抑制の利いた、もの静かな、単純きわまりない、わずか三つの文章によって、なんとも劇的な効果が発揮されている。この原典テクストの効果をなんとか日本語に移しかえる努力が特に求められる一節である。

4　物語のクライマックス

次の、この第XXVI章最後——ひいては、王子さまに纏わる物語部分最後——の段落 Il n'y eut rien qu'un éclair jaune près de sa cheville. Il demeura un instant immobile. Il ne cria pas. Il tomba doucement comme tombe un arbre. Ça ne fit même pas de bruit, à cause du sable. においても、（comme tombe un arbre が時制を超えた事柄を描出しているので現在形に置かれている以外は）すべてのセンテンスで単純過去が使われている。ここでも、単純過去によって、継起した事象を継起した順に時間軸上にピンで留めること——いわば齣送りのように齣を一つずつ順に送ること

――が行われている。もの静かな出来事の羅列のなかに最大限の劇的効果が表れた、物語のクライマックスである。それを拙訳では、《王子さまの踝《くるぶし》近くで、黄色い光がピカッと走っただけでした。王子さまは一瞬《いっしゅん》動けなくなりました。声は立てませんでした。一本の木が倒《たお》れるように、すうっと倒れたのです。音さえもしませんでした、倒れたところが砂だったものですから。》とした。

せっかくの単純過去の機能をほとんど無視し（しかも、天衣無縫に翻訳の域を越えてしまって）いるのが、KA訳《ヒュッ、とつぜん彼の足首をかすめるように走る一筋《ひとすじ》の黄色い光、それがそのとき僕の目に映《うつ》ったもののすべてでした。瞬間《しゅんかん》ふっと動きを止めた王子さまのからだは、そのまま声を発することもなく、あたかも伐《き》り倒《たお》される一本の樹木《じゅもく》のようにゆっくりと、そしてしずかに、砂の上へと落ちて行きました。／…そう、まったくなにも聞こえはしなかったのです。砂の果《は》てしない広がりが、このできごとからいっさいの音を消し去っていたのでした。》（同訳書一五七頁）である。楽曲の演奏において、作曲者が楽譜に書いてもいない安直で場違いな旋律を演奏者が勝手に加える。たとえ高名な演奏家であっても、そのようなことが許されるはずもない。翻訳ならば、それが許されるとでもこの訳者は考えているのだろうか。甚だ疑問である。

最初の文章 Il n'y eut rien qu'un éclair jaune près de sa cheville.〈彼の踝の近くには黄色い閃光以外には何もなかった〉において、〈黄色い閃光以外には何もなかった〉を拙訳では《黄色い光がピカッと走っただけでした。》とした。〈黄色い閃光〉を《黄色い光がピカッと走った》と、

第四章3節「オノマトペの効果的な用法」にしたがって、《ピカッと》という擬態語を用いて訳したのである。ここでは、むろん、第XXVI章冒頭近くで王子さまが言葉を交わした「黄色いヘビ」（拙訳一四八頁）に王子さまが嚙まれたことを明示せず、あくまでも暗示に留めなければならない。だが、ヘビに嚙まれたことを読者に過《あやま》たず想像させることもしなければならない。そうでなければ、そのあと、王子さまが倒れる必然性がなくなってしまうからである。そのために原典テクストでは、鋭利な刃物のような光を表す éclair「稲妻」「閃光」という言葉が選ばれている。だから、拙訳では《ピカッと》とし、さらに《走った》としたのである。

この意味で、内藤訳《王子さまの足首のそばには、黄いろい光が、キラッと光っただけでした。》の《キラッと》という擬態語は――オノマトペの効果に思い至ったのはそれなりに評価できるとしても――的を外している。「キラッと」を『広辞苑』は「小さいものが瞬間的に光るさま。瞬間的に人目をひくような優れた点があるさまにもいう。」と説明し、「瞳が―輝く」「―光る演技」という例を挙げている。「キラッと」ではイメージが良すぎるないし美しすぎて、人に危害を加える（人を殺傷する）鋭さに欠けるのである。同じオノマトペでも、éclair「稲妻」「閃光」との関係が曖昧で、擬音とも擬態ともつかぬ先述のKA訳《ヒュッ》は論外であるが。

「襲う」という動詞を付け加え、構文を工夫することで éclair「稲妻」「閃光」の鋭さを表しているのが、《王子さまの踵《かかと》のあたりを襲ったのはまさに黄色い閃光《せんこう》だった。》（倉橋）である。《足首のあたりに、黄色の閃光《せんこう》がさっと走ったかと思うと、王子は一瞬、動かなくなりました。》（I

S）は次の文章 Il demeura un instant immobile.〈彼は一瞬動かなくなった〉と繋げて一文で訳し、王子さまがヘビに嚙まれた（らしい）ことを表現している。《王子さまの足首のあたりに、ぴかっと黄色い光が走った。ただそれだけだった。》（KON）は、擬態語と動詞の選択が一致し、拙訳に酷似している。当該訳の初版出版が二〇〇六年四月一日であり、拙訳初版出版二〇〇六年一月十一日の約三ヶ月後であってみれば、参考にすることはできたはずである。

5 原典テクストに寄り添う

Il demeura un instant immobile. については別の単純過去の機能を考慮しなければならない。未完了動詞の単純過去は事象の起点に着目して表現することがあるという機能である。demeurer は〈留まる〉という意味だからといって、〈彼は一瞬、動かない状態で留まった〉とはならない。〈留まる〉ことの起点に着目して、《動かなくなった》とするのがよい。《王子は一瞬、動かなくなりました。》（IS）、《王子さまのうごきがとまった。》（FU）、《一瞬《いっしゅん》、王子さまは動きをとめた。》（倉橋）、《一瞬、王子さまは動かなくなった。》（KON）、《一瞬《いっしゅん》、彼の動きが止まった。》（MI）などはこのことを反映した訳である。《王子さまは、ちょっとのあいだ身動きもしないでいました》（内藤）、《しばらくの間、彼はそのままでいた。》（池澤）、《その瞬間《しゅんかん》、王子《おうじ》さまはじっとしていた。》(三田)、《その一瞬、彼は身動《みじろ》ぎしないでいました。》(KOJ)、《王子さまは、少しのあいだ、そのままじっと立っていた。》(TA)などは一考を要する訳である。

その先の Il tomba doucement comme tombe un arbre. においてポイントになるのは、副詞 doucement(「静かに」「そっと」「徐々に」)の訳である。この語を「すうっと」という擬態語によって表現し、拙訳では《一本の木が倒《たお》れるように、すうっと倒れたのです。》とした。この文章では〈一本の木が倒れるように〉と〈王子さまが倒れた〉ことは一体と捉えうる(《倒れるように》のあと「に」と「す」の間の読点は読みやすく、理解しやすくするためのものである)ので、この文章全体をいわば一つの semantic unit とした。《すうっと倒れたのです、一本の木が倒れるように。》などと倒置にしなかった所以である。それに対して次の文章 Ça ne fit même pas de bruit, à cause du sable. のコンマは切れ目を表し、コンマのあと à cause du sable はコンマの前の部分の理由として付け加えられていると考えるべきである。そこで、ここは二つの semantic unit として、思考の流れを尊重して、semantic unit の順番に、《音さえもしませんでした、倒れたところが砂だったものですから。》とあえて倒置して訳した。

要は、翻訳がどこまで原典テクストに寄り添えるかである。

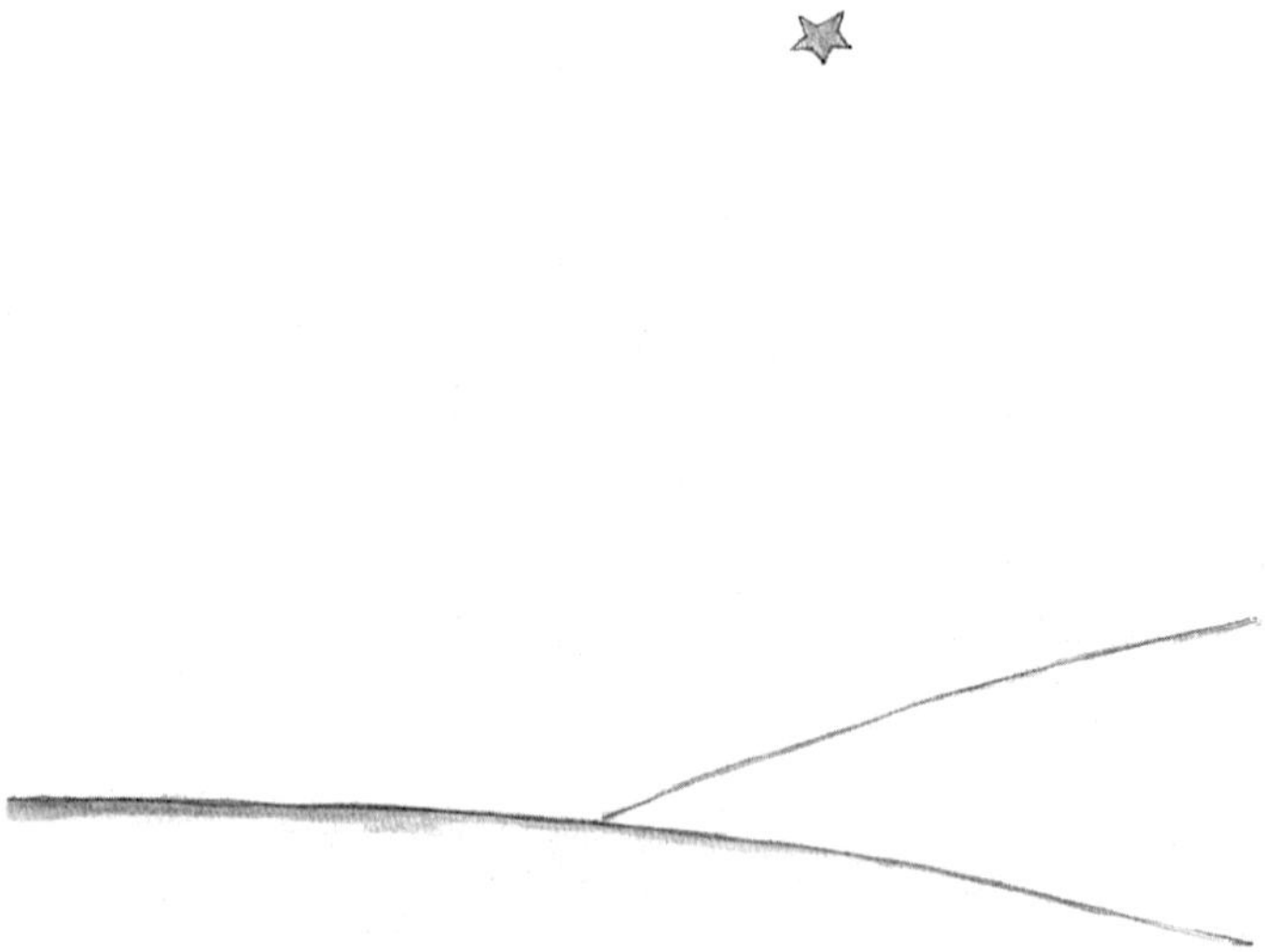

注

第一章　実践のための翻訳理論

（1）Eugene A. Nida and Charles R. Taber, *The Theory and Practice of Translation*, 1982 (1st ed.: 1969), p. 12.

（2）langue-source (source-language あるいは source language) の訳語としては「起点言語」、langue-cible (receptor language あるいは target language) の訳語としては「目標言語」を当てることがある（鳥飼玖美子編著『よくわかる翻訳通訳学』p. iii）が、ここでは、意味を考えて、それぞれ「原典言語」「目的言語」とした。

（3）Anthony Pym, *Exploring Translation Theories*, 2010, p. 28.

（4）*Ibid*., pp. 18-19.

（5）Gideon Toury, *Descriptive Translation Studies – and beyond*, 1995, pp. 53-69.

（6）Seleskovitch (Danica) & Lederer (Marianne), *Interpréter pour traduire*, Paris : Didier Érudition, 2001 (1st ed.: 1984).

（7）*Ibid*., p. 5, p. 10, p. 118.

（8）Anthony Pym, *op. cit*., p. 22.

（9）柳父章『翻訳語成立事情』岩波新書、一九八二、一七八―一九一頁。

（10）同書、三―二二頁。

（11）同書、一二七―一二八頁。

（12）同書、二五―四二頁。

（13）稲垣直樹訳『エルナニ』岩波文庫、二〇〇九。

（14）森鷗外『鷗外全集』第十二巻、岩波書店、一九七二、八七七頁。

第二章　『細雪』『雪国』の英仏訳に見る翻訳の実践

（1）三島由紀夫『文章讀本』中央公論社、一九五九、一一一頁。旧字体・旧仮名遣いに対する三島の格別の思いを尊重して、新字体・新仮名遣いに改めることはしていない。

（2）柳瀬尚紀『翻訳はいかにすべきか』岩波新書、二〇〇〇、三頁。

（3）別宮貞徳『さらば学校英語――実践翻訳の技術』ちくま学芸文庫、二〇〇六、一三三頁。

（4）鷲見洋一『翻訳仏文法』下巻、ちくま学芸文庫、二〇〇三、一一一―一一二頁。

（5）山岡洋一『翻訳とは何か――職業としての翻訳』日外アソシエーツ、二〇〇一、一一九―一二〇頁。

（6）柳瀬、前掲書、二頁。

（7）Erich Auerbach, *Mimésis, la représentation de la réalité dans la littérature occidentale*, traduit de l'allemand par Cornelius Hein, Gallimard, 1968. ドイツ語原典初版一九四六年刊、フランス語訳一九六八年刊、フランス語における「ミメーシス」の綴りは通常 mimesis であるが、この書籍のタイトルは mimésis となっている。

（8）*Ibid.*, pp. 478-487.

（9）『細雪』上巻、『谷崎潤一郎全集』第二十四巻、中央公論社、一九五八、三頁。旧字体・旧仮名遣いを新字体・新仮名遣いに改めた。以下同様。

（10）『雪国』『川端康成作品選』中央公論社、一九六八、七頁。

（11）Gérard Genette, *Discours du récit, Figures III*, Seuil, 1972, pp. 254-259.

（12）*Ibid.*, pp. 206-211.

（13）*The Makioka Sisters*, translated by Edward G. Seidensticker, Charles E. Tuttle Company, 1958, p. 3.

（14）*Quatre sœurs*, traduit par G. Renondeau, Gallimard, 1964, p. 9.

（15）*Bruine de neige*, traduction par Marc Mécréant, révisée par Anne Bayard-Sakai, *Œuvres de Tanizaki Junichiro*, t. II, Bibliothèque de la Pléiade, Gallimard, 1998, p. 9.

(16) *Snow Country*, translated by Edward G. Seidensticker, Charles E. Tuttle Company, 1957, p. 3.

(17) *Pays de neige*, traduit par Bunkichi Fujimori, texte français par Armel Guerne, Albin Michel, 1960, p. 15.

(18) 「決して猫背ではないのであるが、肉づきがよいので堆く盛り上がっている幸子の肩から背の、濡れた肌の表面へ秋晴れの明りがさしている色つやは、三十を過ぎた人のようでもなく張りきって見える。」(前掲書、三頁)

(19) 『幼少時代』(一九五七)、『谷崎潤一郎全集』第二十九巻、中央公論社、一九五九、一八一―一八六頁。

(20) 「現代口語文の欠点について」(一九二九)、『谷崎潤一郎全集』第二十一巻、中央公論社、一九五八、一七三―一七四頁。

(21) 『細雪』と『雪国』の原典テクストの特徴を英仏訳から逆照射しようとする、本論考とは逆方向の研究については、稲垣直樹「文体の「国際性」――『細雪』『雪国』英仏訳からの照射と書との関わり」、松村昌家編『谷崎潤一郎と世紀末』思文閣出版、二〇〇二、一〇三―一二六頁参照。

第三章　準備段階でなすべきこと

(1) Jean Bellemin-Noël, *Le Texte et l'avant-texte*, Larousse, 1972.

(2) 稲垣直樹『「星の王子さま」物語』平凡社新書、二〇一一、四〇―四五頁。

(3) Consuelo de Saint-Exupéry, *Mémoires de la rose*, Plon, 2000.

(4) 『谷崎潤一郎全集』第二十一巻、中央公論社、一九五八、五一―五二頁。

(5) 柳父章『翻訳語成立事情』岩波新書、一九八二、二〇二頁。

(6) 鷲見洋一『翻訳仏文法』下巻、ちくま学芸文庫、二〇〇三、三二六―三三〇頁。

(7) 同書、上巻、一七一頁。

(8) 同書、上巻、一七三頁。

（9）同書、上巻、三五〇頁。
（10）福井憲彦編『フランス史』「新版　世界各国史12」、山川出版社、二〇〇一。
（11）日本フランス語フランス文学会編『フランス文学辞典』白水社、一九七四。

第四章　翻訳技法を詳解する

（1）こうした点はすでに拙訳『星の王子さま』（平凡社ライブラリー、二〇〇六）収載「訳者あとがき」一七五―一七七頁において指摘した。
（2）鷲見洋一『翻訳仏文法』上巻、ちくま学芸文庫、二〇〇三、五四頁。
（3）安西徹雄『英文翻訳術』ちくま学芸文庫、一九九五、二六―二七頁。
（4）安西徹雄『翻訳英文法徹底マスター』バベル・プレス、一九九四、一八―一九頁。
（5）稲垣直樹訳『星の王子さま』平凡社ライブラリー、初版第八刷、二〇一五。以後、拙訳からの引用はページ数のみを示す。
（6）高橋泰邦『日本語をみがく翻訳術――翻訳上達の48章』バベル・プレス、一九八二、一三四―一三五頁。
（7）安西徹雄『英文翻訳術』一五頁。
（8）同書、九四―九五頁。
（9）同書、二一六頁。
（10）鷲見洋一『翻訳仏文法』下巻、一三四頁。
（11）安西徹雄『英文翻訳術』一三三頁。
（12）同書、一三六頁。

第五章　『星の王子さま』翻訳実践 I――献辞「レオン・ヴェルトに」

（1）Antoine de Saint-Exupéry, *Œuvres Complètes II*, Pléiade, 1999, p. 1342.
（2）Gérard Genette, *Seuils*, Collection « Poétique », Éditions du Seuil, 1987.

(3) Antoine de Saint-Exupéry, *Le Petit Prince*, in *Œuvres Complètes II*, Pléiade, 1999, p. 233.

(4) 拙訳『星の王子さま』五頁。以後、本文中の拙訳からの引用はページ数のみを示す。

(5) 池澤夏樹訳『星の王子さま』集英社文庫、第二四刷、二〇一三（第一刷およびハードカバー単行本第一刷、二〇〇五）、一三九―一四〇頁。

(6) この献辞の射程、レオン・ヴェルトとサン＝テグジュペリとの関わり、戦時下におけるその意味については、詳しくは稲垣直樹『「星の王子さま」物語』第八章「反映される同時代の政治状況」一七五―一八九頁参照。

第六章 『星の王子さま』翻訳実践 II――第I章「六歳のころ」

(1) こうした複合過去による語りの意味について詳しくは、拙著『「星の王子さま」物語』第四章「文体とナレーションの技法」九四―一〇四頁、さらには、拙論「『星の王子さま』に触れる難しさ――無限螺旋のワンダーランド」『星の王子さまとサン＝テグジュペリ――空と人を愛した作家のすべて』河出書房新社、二〇一三、四九頁参照。

(2) « [...] je me préparai à essayer de réussir, tout seul, une réparation difficile. » (Saint-Exupéry, *Le Petit Prince*, in *Œuvres Complètes II*, p. 237)

(3) *Ibid.*, pp. 235-236.

(4) 拙訳『星の王子さま』六―七頁。以後、拙訳からの引用はページ数のみを示す。

(5) 安西徹雄『英文翻訳術』一五頁。

(6) 鷲見洋一『翻訳仏文法』上巻、二一七頁。

(7) 同書、上巻、二二七頁。

(8) 柳父章『翻訳語成立事情』一九五―二一二頁。

(9) Saint-Exupéry, *Œuvres Complètes II*, p. 1357.

（10）鷲見、前掲書、上巻、五四頁。

第七章　『星の王子さま』翻訳実践 Ⅲ——第XXI章「なじみになる」

（1）Saint-Exupéry, *Le Petit Prince*, in *Œuvres Complètes II*, p. 294.

（2）拙訳『星の王子さま』一一六―一一八頁。以後、拙訳からの引用はページ数のみを示す。

第八章　『星の王子さま』翻訳実践 Ⅳ——第XXI章「大切なものは目には見えない」

（1）Saint-Exupéry, *Le Petit Prince*, in *Œuvres Complètes II*, pp. 298-300.

（2）拙訳『星の王子さま』一二六―一二八頁。以後、拙訳からの引用はページ数のみを示す。

（3）こうした物語全体のキーセンテンスの意味について詳しくは、拙著『「星の王子さま」物語』第六章「「大切なものは目には見えない」の深い意味」一二六―一三八頁参照。

（4）こうした「失う」ことの意味、バラの花の表象について詳しくは拙著『「星の王子さま」物語』第七章「わがままなバラの花の物語」一四〇―一七三頁参照。

第九章　『星の王子さま』翻訳実践 Ⅴ——第XXVI章「（王子さまは）すうっと倒れたのです」

（1）Saint-Exupéry, *Le Petit Prince*, in *Œuvres Complètes II*, pp. 316-317.

（2）拙訳『星の王子さま』一六一頁。

（3）こうした『星の王子さま』の額縁構造ないし円環構造について詳しくは、拙著『「星の王子さま」物語』一〇三―一〇四頁および一一九―一二三頁、さらには、拙論「『星の王子さま』に触れる難しさ——無限螺旋のワンダーランド」『星の王子さまとサン＝テグジュペリ——空と人を愛した作家のすべて』五〇頁参照。

（4）こうした王子さまの存在と最後（または最期）の多義性について、詳しくは同書、一九二―二一八頁、同論文、五一―五二頁参照。

あとがき

「馬齢を重ねる」という言い方があるが、人間、無駄に年齢を重ねてばかりいるわけでもない。世の中、意外性と偶然に満ちているどころか、もっぱら意外性と偶然で成りたっていることが分かってくる。若さを失う代わりに得られる数少ない達見であろう。

翻訳の勉強をしてみて、翻訳が、それまで自分が考えていた、そして、世の多くの人が普通に考えているのとはまったく違う営為であることに気が付く。この意外性はそれこそ意外に感動的で、翻訳にのめり込むことになる。翻訳の美徳と快楽は自虐的なまでに無私に浸ることにある。本書でくどくど述べたが、翻訳とは、原典テクストの理解を百パーセント追求し、それを、読者にとって一点の曇りもない自然な日本語に仕立てることである。この無私の徹底、そのために精神を研ぎ澄ますことは、たまらなく苦痛で、かつ、たまらなく心地よい。本書は翻訳技法の実践を論じることで、このような快楽に読者を誘《いざな》うどころか、引き入れようとする、危険と言えば危険な書物である。

筆者が翻訳にのめり込むことになったのは、まったくの偶然による。

思えば、大学院生のころである。何事につけ気ぜわしい昨今と違って、当時は、七月、八月、九月と優に三ヶ月は夏休みであった。これだけ長いと（お金もないから、そうたくさん仕入れているわけでもないので）さすがに手持ちの研究書はあらかた底を突き、研究書を借りに大学の図書館に出向くことになる。ついでに、情報というか噂話を仕入れに共同研究室に寄るわけで、暑い八月末の昼下がり、共同研究室に顔を出した。すると、大柄な和服姿の紳士が入って来られ、助手の方に「これ、借りたいんですけれどもね」とおっしゃって、メモを手渡された。助手の方は平身低頭して、「お待ちください。すぐに図書館で探して参ります」と言うなり、共同研究室を出る間際に、若き日の筆者に向かって「君、コーヒーをお出しして！」。和服の紳士は当時有名なヴィクトル・ユゴー研究者、辻昶《とおる》先生であった。先生は気さくな方で、「そうですか、ユゴーをやっているんですか。今度、うちへいらっしゃい」。

教えていただいた恵比寿のご自宅に伺ってみると、驚くことに、そこは翻訳工房であった。「世界文学全集」華やかなりし時代はとっくに終わっていたが、名翻訳家の誉れ高い先生のもとには引きも切らずに出版社の編集者が訪れ、猫の手も借りたいほどのご多忙ぶりだった。筆者も早速フランス語の原文を渡され、一週間後に十ページほどを翻訳してくるように言われた。原稿を持参し、先生の前で読みあげると、完膚なきまでに直され、原稿用紙は真っ赤になった。それを四、五ヶ月続けると、「君は筋がいい」と言われ、直されなくなった。先生の薫陶よろしきを得て、現在の教師としての筆者もそうだが、今にして思えば、先生は褒めて育てるタイプの教育者であった。こうした翻訳技法伝授のあと、数年間「下訳」をさせていただき、いわゆる場数を踏ませていただいた。その後、先生と共訳をさせていただいたり、出版社をご紹介くださったりして、独り立ちさせていただいた。だが、こうした古き良き時代の「翻訳技法伝承」と「翻訳量産」のシステムはとっくに崩壊し、筆者は翻訳書も著書も（むろん、論文等も）すべて最初から最後まで自分一人で仕上げ、誰の手も借りたことがない。時代が遷ったのである。

「はじめに」で書いたように、今頃になって、授業で翻訳技法実践論を講じ、本書を著して、せっかくご伝授いただいた翻訳技法を次の世代に伝えようと焦る始末である。

そうして翻訳技法を伝えるために選んだ教材が『星の王子さま』である。この選択も大多数の読者にとって、意外性以外の何ものでもないだろう。なぜならば、『星の王子さま』は一般には子どものための本ということになっており、その翻訳はそれこそ、赤子の手をひねるよりも簡単だと思われているからである。本書を最後までお読みいただいた読者には痛いほどお分かりと思うが、見かけに反して、この作品はまったく一筋縄ではいかないのである。

この落差は特筆に値する。入り口の間口は広く、入りやすいが、入ったあとは周到なラビリンス。もはや、引き返そうにも引き返せず、進む以外にない。『星の王子さま』という作品はそんな様相を呈する。これを訳すことは、そうした迷宮から囚《とら》われの「意味」を救い出し、つまびらかにする作業であり、きわめて高度で詳細な読解を要する。そのうえで、日本語の沃野に日本語の迷宮を建設するのは、最も単純なものから最も複雑なものまで、ありとあらゆる翻訳技法を駆使しなければ到底叶わぬことである。

この『星の王子さま』の翻訳を勧めてくださったのは平凡社編集部次長の松井純さんである。この作品がいわゆる「著作権切れ」となり、日本における一出版社の「翻訳独占権」が消滅した翌年のことであった。これが、本書でその翻訳方法を具《つぶさ》に開示した拙訳『星の王子さま』である。

松井さんとのお付き合いも、もはやかれこれ二十年になる。拙著『サドから『星の王子さま』へ――フランス小説と日本人』（丸善ライブラリー、一九九三）と『サン＝テグジュペリ』（清水書院、一九九二）、それに『ヴィクトル・ユゴーと降霊術』（水声社、一九九三）をお読みくださって、お電話いただき、拙宅にお越しくださった。その後も、拙著の出版にご尽力くださったが、その三十そこそこの初々しい松井さんも今では企画・編集のベテラン、人文書等企画編集の中核を担うお立場におなりになった。

そして、今回、拙訳『星の王子さま』（平凡社ライブラリー、二〇〇六）、拙著『「星の王子さま」物語』（平凡社新書、二〇一一）に続いて、本書の出版にも多大のご尽力をいただいた。加えて、編集についても行き届いたご配慮をいただいた。永年のご厚情とともに、心より厚く御礼申しあげるしだいである。

二〇一六年三月八日　中庭のメタセコイアが窓から見える研究室にて

稲垣直樹

その他

Auerbach (Erich), *Mimésis, la représentation de la réalité dans la littérature occidentale*, traduit de l'allemand par Cornélius Heim, Gallimard, 1968 (1ère édition allemande : 1946).

Bellemin-Noël (Jean), *Le Texte et l'avant-texte*, Larousse, 1972.

Comte (Auguste), *Cours de philosophie positive*, 6 vol., Bachelier, Libraire pour les mathématiques, 1830-1842 (Reproduction en fac-similé : Bruxelles, Culture and civilisation, 1969).

—— *Discours sur l'esprit positif* (1ère éd. : 1844), « Edition classique », Société positiviste internationale, 1914 (Reproduction de cette « Edition classique » en fac-similé, J. Vrin, 1974).

Genette (Gérard), *Discours du récit*, *Figures III*, Seuil, 1972.

—— *Seuils*, Collection « Poétique », Editions du Seuil, 1987.

Hugo (Victor), *Œuvres Complètes de Victor Hugo*, édition chronologique publiée sous la direction de Jean Massin, Club Français du Livre, 1967-1970, 18 vol.

—— *Œuvres Complètes de Victor Hugo*, édition publiée sous la direction de Jacques Seebacher, assisté de Guy Rosa, Robert Laffont, 1985-2002, 15 vol.

—— *Œuvres Complètes de Victor Hugo*, édition dite « de l'Imprimerie nationale », 45 vol., 1904-1952.

—— *Hernani*, in *Théâtre Complet*, Gallimard, Bibliothèque de la Pléiade, t. I, 1963.

—— *Hernani*, édition d'Yves Gohin, Folio/Théâtre, Gallimard, 1995

—— Le Manuscrit d'*Hernani*, éd. Anne Ubersfeld, Arnaud Laster, Florence Naugrette, Dewey : 842.1, Théâtre français, Pièces, Maisonneuve et Larose, 2002.

Robert (Paul), *Dictionnaire alphabétique et analogique de la langue française,* édition entièrement revue et enrichie par Alain Rey, Le Robert, 1988-1989.

Warnant (Léon), *Dictionnaire de la prononciation française*, tome II, *Noms propres*, Editions J. Duculot, S. A. Gembloux, 1966.

ヴィクトル・ユゴー、稲垣直樹訳『エルナニ』岩波文庫、岩波書店、2009.

稲垣直樹「文体の「国際性」――『細雪』『雪国』英仏訳からの照射と書との関わり」、松村昌家編『谷崎潤一郎と世紀末』思文閣出版、2002、pp. 103-126.

新村出『広辞苑』岩波書店、第5版、CD-ROM版、1998（初版第1刷 1955）.

日本フランス語フランス文学会編『フランス文学辞典』白水社、1974.

福井憲彦編『フランス史』「新版　世界各国史12」山川出版社、2001.

三島由紀夫『文章讀本』中央公論社、1959.

森鷗外『鷗外全集』第12巻、岩波書店、1972.

Philadelphia: John Benjamins, 1995.
Venuti (Lawrence), *The Translation Studies Reader,* Routledge, 2004.

翻訳技法解説書・翻訳理論書

安西徹雄『英文翻訳術』ちくま学芸文庫、筑摩書房、1995.
――『翻訳英文法徹底マスター』バベル・プレス（日本翻訳家養成センター）、1994.
加藤晴久『憂い顔の『星の王子さま』』書肆心水、2007.
河野一郎『翻訳上達法』講談社現代新書、講談社、1975.
――『翻訳教室』講談社現代新書、講談社、1982.
柴田元幸『翻訳教室』朝日文庫、朝日新聞出版、2013.
清水幾太郎『日本語の技術』ごま書房、1977.
鷲見洋一『翻訳仏文法』上下巻、ちくま学芸文庫、筑摩書房、2003.
高橋泰邦『日本語をみがく翻訳術――翻訳上達の48章』（翻訳家養成シリーズ）バベル・プレス（日本翻訳家養成センター）、1982.
多田道太郎ほか『日本語と日本文化』朝日新聞社、1978.
鳥飼玖美子編著『よくわかる翻訳通訳学』ミネルヴァ書房、2013.
中村真一郎『文章読本』文化出版局、1975.
中村保男『翻訳の技術』中公新書、中央公論社、1973.
――『翻訳の秘訣――理論と実践』新潮選書、新潮社、1982.
――『翻訳はどこまで可能か』ジャパンタイムズ、1983.
成瀬武史『翻訳の諸相――理論と実際』開文社出版、1977.
日本科学技術翻訳協会訳編（ルーベン・A・ブロアー編）『翻訳のすべて』丸善、1970.
広田紀子『翻訳論――言葉は国境を越える』上智大学出版、2007.
別宮貞徳『裏返し文章講座――翻訳から考える日本語の品格』ちくま学芸文庫、筑摩書房、2009.
――『さらば学校英語――実践翻訳の技術』ちくま学芸文庫、筑摩書房、2006.
――『ステップアップ翻訳講座――翻訳者にも説明責任が』ちくま学芸文庫、筑摩書房、2011.
――『達人に挑戦――実況翻訳教室』ちくま学芸文庫、筑摩書房、2007.
――『翻訳と批評』講談社学術文庫、講談社、1985.
――『翻訳の落とし穴』文藝春秋、1989.
三宅雅明『翻訳の表現』冬至書房、1986.
柳瀬尚紀『翻訳はいかにすべきか』岩波新書、岩波書店、2000.
柳父章『翻訳語成立事情』岩波新書、岩波書店、1982.
――『翻訳文化を考える』法政大学出版局、1978.
柳父章ほか『日本の翻訳論――アンソロジーと解題』法政大学出版局、2010.
山岡洋一『翻訳とは何か――職業としての翻訳』日外アソシエーツ、2001.

Œuvres de Tanizaki Junichiro, t.II, Bibliothèque de la Pléiade, Gallimard, 1998.
川端康成『雪国』『川端康成作品選』中央公論社、1968.
Snow Country, translated by Edward G. Seidensticker, Charles E. Tuttle Company, 1957.
Pays de neige, traduit par Bunkichi Fujimori, texte français par Armel Guerne, Albin Michel, 1960.

traductologie（翻訳理論）関連書

Baker (M.) & Malmkjaer (K.) (Eds.), *Routledge Encyclopedia of Translation Studies*, London and New York: Routledge, 1998.
Ballard (Michel), *La Traduction : contact de langues et de cultures (1)*, (Collection "traductologie"), Arras : Artois Presses Université, 2005.
Delesse (Catherine), *Discours rapporté(s) : approche(s) linguistique(s) et/ou traductologique(s)*, (Collection « traductologie »), Arras : Artois Presses Université, 2006.
Gentzler (Edwin), *Contemporary Translation Theories*, London: Routledge, 1993.
Jakobson (Roman), *Essais de linguistique générale*, Les Éditions de Minuit, 1963. ロマーン・ヤーコブソン、川本茂雄監修、田村すゞ子ほか訳『一般言語学』みすず書房、1973.
Mounin (Georges), *Les Problèmes théoriques de la traduction*, Gallimard (Poche), 1976. ジョルジュ・ムーナン、伊藤晃ほか訳『翻訳の理論』朝日出版社、1980.
Nida (Eugene A.), *Toward a Science of Translating, with Special Reference to Principles and Procedures Involved in Bible Translating*. Leiden: E. J. Brill. 1964. ユージン・A・ナイダ、成瀬武史訳『翻訳学序説』開文社出版、1972.
Nida (Eugene A.) & Taber (Charles R.), *The Theory and Practice of Translation*, 1982 (1st ed.: 1969). ユージン・A・ナイダほか、沢登春仁・升川潔訳『翻訳——理論と実際』研究社、1973.
Peeters (Jean), *La médiation de l'étranger : une sociolinguistique de la traduction*, (Collection « traductologie »), Arras: Artois Presses Université, 1999.
Pym (Anthony), *Exploring Translation Theories*, Routledge, 2010. アンソニー・ピム、武田珂代子訳『翻訳理論の探求』みすず書房、2010.
—— *Method in Translation History*. Manchester: St. Jerome Publishing. 1998.
Seleskovitch (Danica) & Lederer (Marianne), *Interpréter pour traduire*, Paris : Didier Érudition, 4e édition, 2001 (1ère éd.: 1984).
Toury (Gideon), *Descriptive Translation Studies – and beyond*, Amsterdam /

――「無限孤独のコスモロジー――『星の王子さま』を軸として」『ユリイカ――サン＝テグジュペリ生誕一〇〇年記念特集』2000年７月号、青土社、2000、pp. 96-107.
――「『星の王子さま』に触れる難しさ――無限螺旋のワンダーランド」『星の王子さまとサン＝テグジュペリ――空と人を愛した作家のすべて』河出書房新社、2013、pp. 46-53.
岩波書店編集部編『「星の王子さま」賛歌』岩波ブックレット、岩波書店、1990.
ポール・ウェブスター、長島良三訳『星の王子さまを探して』角川文庫、角川書店、1996.
リュック・エスタン、山崎庸一郎訳『サン＝テグジュペリの世界――星と砂漠のはざまに』岩波書店、1990.
片木智年『星の王子さま☆学』慶應義塾大学出版会、2005.
カーティス・ケイト、山崎庸一郎・渋沢彰訳『空を耕すひと――サン＝テグジュペリの生涯』番町書房、1974.
小島俊明『おとなのための星の王子さま』ちくま学芸文庫、筑摩書房、2002.
ステイシー・シフ、檜垣嗣子訳『サン＝テグジュペリの生涯』新潮社、1997.
塚崎幹夫『星の王子さまの世界――読み方くらべへの招待』中公新書、中央公論社、1982.
ルネ・ドランジュ、山口三夫訳『サン＝テグジュペリの生涯』みすず書房、1963.
畑山博『サン＝テグジュペリの宇宙――「星の王子さま」とともに消えた詩人』PHP 新書、PHP 研究所、1997.
ジョン・フィリップスほか、山崎庸一郎訳『永遠の星の王子さま』みすず書房、1994.
M.-L. フォン・フランツ、松代洋一・椎名恵子訳『永遠の少年――『星の王子さま』の深層』紀伊國屋書店、1982.
三野博司『『星の王子さま』の謎』論創社、2005.
山崎庸一郎『星の王子さまの秘密』弥生書房、1984.
――『サン＝テグジュペリの生涯』新潮選書、新潮社、1971.

谷崎・川端原典および英仏訳書

谷崎潤一郎『細雪』上巻、『谷崎潤一郎全集』第24巻、中央公論社、1958.
――『幼少時代』(1957)、『谷崎潤一郎全集』第29巻、中央公論社、1959.
――「現代口語文の欠点について」(1929)、『谷崎潤一郎全集』第21巻、中央公論社、1958, pp. 153-184.
――『文章読本』(1934)、同書、pp. 1-151.
The Makioka Sisters, translated by Edward G. Seidensticker, Charles E. Tuttle Company, 1958.
Quatre sœurs, traduit par G. Renondeau, Gallimard, 1964.
Bruine de neige, traduction par Marc Mécréant, révisée par Anne Bayard-Sakai,

Estang (Luc), *Saint-Exupéry*, Seuil, 1989 (1ère éd. : 1956).
Guéno (Jean-Pierre), *La Mémoire du Petit Prince, Antoine de Saint- Exupéry, Le Journal d'une vie*, Éditions Jacob-Duvernet, 2009.
Ibert (Jean-Claude), *Saint-Exupéry*, Éditions universitaires, 1953.
Losic (Serge), *L'Idéal humain de Saint-Exupéry*, A.-G.Nizet, 1965.
Migeo (Marcel), *Saint-Exupéry*, Club des Éditeurs (Collection : Hommes et Faits de l'Histoire), 1958.
Monin (Yves), *L'Ésotérisme du Petit Prince de Saint-Exupéry*, A.-G.Nizet, 1975.
Perrier (Jean-Claude), *Les Mystères de Saint-Exupéry : enquête littéraire*, Stock, 2009.
Quesnel (Michel), *Saint-Exupéry ou la vérité de la poésie*, Plon, 1965.
Rivière (Louis-Yves), « Le Petit Prince et ses différentes adaptations », *Cahiers Saint-Exupéry 2*, Gallimard 1981.
Roy (Jules), *Saint-Exupéry,* La Manufacture, 1990.
Saint-Exupéry (Consuelo de), *Mémoires de la rose*, Plon, 2000. コンスエロ・ド・サン＝テグジュペリ、香川由利子訳『バラの回想——夫サン＝テグジュペリとの14年』文藝春秋、2000.
Saint-Ex, écrivain et pilote (*Icare* revue des pilotes de ligne, No 30 bis), 1964.
Série Icare : *Saint-Exupéry* (*Icare* revue de l'aviation française), 1974–1981, 6 vol ; *Icare*, No. 30, été 1964.
Simon (Pierre-Henri), *L'Homme en procès, Malraux - Sartre - Camus - Saint-Exupéry*, Éditions de la Baconnière, 1950.
Vallières (Nathalie des), *Les Plus beaux manuscrits de Saint-Exupéry*, Éditions de La Martinière, 2003.
Vircondelet (Alain), *Antoine de Saint-Exupéry*, Julliard, 1994.
—— *Antoine et Consuelo de Saint-Exupéry, un amour de légende*, Les Arènes, 2005.
—— *C'étaient Antoine et Consuelo de Saint-Exupéry*, Fayard, 2009.
—— *Dans les pas de Saint-Exupéry,* Éd. de l'Œuvre, 2010.
Webster (Paul), *Consuelo de Saint-Exupéry, la Rose du Petit Prince*, Éditions du Félin, 2000.
Zeller (Renée), *La Vie secrète d'Antoine de Saint-Exupéry ou la parabole du Petit Prince*, Éditions Alsatia, 1948.
R・M・アルベレス、中村三郎訳『サン＝テグジュペリ』水声社、1998.
稲垣直樹『サドから『星の王子さま』へ——フランス小説と日本人』丸善ライブラリー、丸善、1993.
——『「星の王子さま」物語』平凡社新書、平凡社、2011.
——『サン＝テグジュペリ』清水書院、新装版、2015（初版、1992）

小島俊明訳『新訳 星の王子さま』中央公論新社、第1刷 2005.6.25（KOJ）
三野博司訳『星の王子さま』論創社、第1刷 2005.6.30（MI）
山崎庸一郎訳『小さな王子さま』みすず書房、第4刷 2007.4.20（第1刷 2005.8.24）（YA）
川上勉・廿樂美登利訳『プチ・プランス――新訳　星の王子さま』グラフ社、第1刷 2005.10.25.（KA＋T）
藤田尊潮訳『小さな王子――新訳『星の王子さま』』八坂書房、第1刷 2005.10.25（FU）
石井洋二郎訳『星の王子さま』ちくま文庫、筑摩書房、第4刷 2012.11.5（第1刷 2005.12.10）（IS）
辛酸なめ子訳・絵『「新」訳 星の王子さま』コアマガジン、2005.12.10.（「新」訳の意味は脚色ありとのことと考えられる）（SHI）
河野万里子訳『星の王子さま』新潮文庫、新潮社、第44刷 2014.4.25（第1刷 2006.4.1）（KON）
河原泰則訳『小さな星の王子さま』春秋社、第2刷 2007.3.10（第1刷 2006.5.10）（KA）
谷川かおる訳『星の王子さま』ポプラポケット文庫、ポプラ社、第2刷 2006年8月・日付欠（第1刷 2006年7月・日付欠）（TA）
野崎歓訳『ちいさな王子』光文社古典新訳文庫、光文社、第2刷 2006.9.25（第1刷 2006.9.20）（NO）
管啓次郎訳・西原理恵子絵『星の王子さま』角川つばさ文庫、角川書店、第1刷 2011.6.15.（SU）

サン＝テグジュペリおよび『星の王子さま』関連研究書など

Albérès (R.-M.), *Saint-Exupéry*, Albin Michel, 1961.
Borgal (Clément), *Saint-Exupéry, mystique sans la foi*, Éditions du Centurion, 1964.
Bottequin (A.), *Antoine de Saint-Exupéry*, A. de Boeck, 1949.
Carbonel (Marie-Hélène), Francioli-Martinez (Martine), *Consuelo de Saint-Exupéry : une mariée vêtue de noir*, Rocher, 2010.
Cate (Curtis), *Antoine de Saint-Exupéry*, New York, Putnam's, 1970.
—— *Antoine de Saint-Exupéry, laboureur du ciel*; traduit de l'anglais par Pierre Rocheron et Marcel Schneider, Grasset, 1973.
Chevrier (Pierre), *Saint-Exupéry*, Gallimard (Collection : Pour une bibliothèque idéale), 1971 (1ère éd. : 1958).
DeRamus (Barnett), *From Juby to Arras: engagement in Saint-Exupéry*, University Press of America, 1990.
Deschodt (Eric), *Saint-Exupéry : biographie*, J.-C. Lattès, 1980.
Devaux (André-A.), *Saint-Exupéry*, Desclée de Brouwer, 1965.

主要参考文献

『星の王子さま』原典と拙訳

Le Petit Prince, in Antoine de Saint-Exupéry, *Œuvres Complètes II*, Édition publiée sous la direction de Michel Autrand et de Michel Quesnel, Gallimard (Bibliothèque de la Pléiade), 1999.（拙訳底本・本書引用出典）

Le Petit Prince, avec dessins par l'auteur, Harcourt, Grace and Company · New York (copyright by Reynal & Hitchcock), 1943.

The Little Prince, written and drawn by Antoine de Saint-Exupéry, translated from the French by Katherine Woods, Reynal & Hitchcock · New York (copyright by Reynal & Hitchcock), 1943.

Le Petit Prince, avec des aquarelles de l'auteur, Gallimard (copyright text and illustration by Librairie Gallimard), 1946 ; nouvelle édition, 1999.

稲垣直樹訳『星の王子さま』、平凡社ライブラリー、平凡社、初版第８刷 2015.9.28（初版第１刷 2006.1.11）

サン＝テグジュペリの作品

Œuvres, préface de Roger Caillois, Gallimard (Bibliothèque de la Pléiade), 1959.

Œuvres Complètes, 7 vol., Édition du Club de l'Honnête Homme, 1976-77.

Œuvres Complètes, Édition publiée sous la direction de Michel Autrand et de Michel Quesnel, 2 vol., Gallimard (Bibliothèque de la Pléiade), 1994, 1999.

Écrits de guerre 1939-1944, avec la *Lettre à un otage* et des témoignages et documents, préface de Raymond Aron, Gallimard, 1982.

Dessins : Aquarelles, pastels, plumes et crayons, avant-propos de Hayao Miyazaki, Gallimard, 2006.

『星の王子さま』邦訳

内藤濯訳『星の王子さま』岩波少年文庫001、岩波書店、新版第７刷 2005.1.14（第１刷 1953.3.15）

――『星の王子さま』オリジナル版、岩波書店、第３刷、2000.3.24（第１刷 2000.3.10）

倉橋由美子訳『新訳 星の王子さま』宝島社文庫、宝島社、第８刷 2011.6.27（第１刷 2006.6.14、ハードカバー単行本第１刷 2005.7.11）

池澤夏樹訳『星の王子さま』集英社文庫、集英社、第24刷 2013.8.11（第１刷＆ハードカバー単行本第１刷 2005.8.31）

三田誠広訳『星の王子さま』講談社 青い鳥文庫、講談社、第17刷 2013.6.12（第１刷 2006.11.15）

著者略歴

稲垣直樹（いながき・なおき）

1951年、愛知県生まれ。東京大学大学院博士課程単位取得退学。パリ大学にて文学博士号取得。日本翻訳家協会より日本翻訳文化賞受賞。現在、京都大学大学院教授。著書に『「星の王子さま」物語』（平凡社新書、2011）、『サドから『星の王子さま』へ――フランス小説と日本人』（丸善ライブラリー、1993）、『サン＝テグジュペリ』（清水書院、1992、新装版2015）、『フランス〈心霊科学〉考――宗教と科学のフロンティア』（人文書院、2007）、『「レ・ミゼラブル」を読みなおす』（白水社、1998、新版2007）、『ヴィクトル・ユゴーと降霊術』（水声社、1993）、『アレクサンドル＝デュマ』（辻昶との共著、清水書院、1996、新装版2016）、*Victor Hugo en Extrême-Orient*（共著、Paris : Maisonneuve et Larose, 2001）、共編著書に *Fortunes de Victor Hugo*（Paris : Maisonneuve et Larose, 2005）、訳書にサン＝テグジュペリ『星の王子さま』（平凡社ライブラリー、2006）、ユゴー『エルナニ』（岩波文庫、2009）、『ユゴー詩集』（辻昶との共訳、1984、新版2000）、『見聞録』（1991、新版2001）、『言行録』（2001、以上、潮出版社）などがある。

翻訳技法実践論　『星の王子さま』をどう訳したか

2016年5月18日　初版第1刷発行

著　者　稲垣直樹
発行者　西田裕一
発行所　株式会社 平凡社
〒101-0051 東京都千代田区神田神保町3-29
電話 03-3230-6579（編集）
03-3230-6573（営業）
振替 00180-0-29639
装幀者　間村俊一
ＤＴＰ　平凡社制作
印　刷　株式会社東京印書館
製　本　大口製本印刷株式会社

落丁・乱丁本のお取替は小社読者サービス係までお送りください（送料小社負担）
平凡社ホームページ　http://www.heibonsha.co.jp/

ISBN978-4-582-83728-5　C0080
NDC 分類番号801.7　四六判（19.4cm）　総ページ320